LATE BLOOMERS

THE POWER OF PATIENCE IN A WORLD OBSESSED WITH EARLY ACHIEVEMENT

大器可以晚成

當世界沉迷年少得志，
耐心是你成功的本事

《富比士》發行人
里奇・卡爾加德 Rich Karlgaard 著
林力敏 譯

獻給在任何年紀大器晚成的人
命運在呼喚我們的名字

CONTENTS

前言

這不是我們的錯

這不是我們的錯。

這全都不是我們的錯：沒有所有科目全都拿A、沒有在大學入學考試得到絕佳成績、沒有進入心目中第一志願的大學；或是沒有在二十一歲走上人生的正道，因而錯失拿到完全符合自己天分和興趣的迷人職業的第一張門票；或是沒有在二十二歲賺進數百萬美元，在三十歲前賺進數十億美元，登上《富比士》的封面；或是沒有在三十五歲前終結瘧疾、沒有解決中東的紛爭、沒有擔任總統的顧問、沒有贏得第三座奧斯卡獎。

這些都不是我們的錯。即使我們沒有一開始就發光發熱，也不表示就失敗了。然而，二十一世紀初的社會卻形同共謀般讓我們有這種感覺——怎麼自己竟然沒有像奧運短跑選手那樣，從起點就拔腿猛衝，早早就獲得成功？我在這裡用了「共謀」二字，但並不是指有些壞傢伙在神祕的小房間裡密謀操控經濟，讓社會和金融體系對年少得志者格外有利。這共謀確實存在，但不邪惡，而且我們都參與其中。我的意思是，家長、學校、企業、媒體和閱聽大衆如今簡直是瘋了，過度把早早嶄露頭角視爲至高、甚至是唯一算數的成就。

但以前不是這個樣子的。

◆◆◆

現年五十三歲的喬安是個大器晚成的人。她的少女時期充滿波折，過得並不快樂。她的母親罹患多發性硬化症；父親賺的錢雖然還夠維持家計，但性情冰冷，對妻子的病情漠不關心，喬安和他幾乎說不上幾句話。

在學校，喬安很不起眼，她的成績中上，也沒有特別突出的地方。老師回憶說，喬安還算聰明，但沒什麼特別的。此外，喬安個性內向，沒讓同學留下什麼印象。她申請心儀的學校，未獲錄取，只考上備胎的大學。在大學裡，她繼續展現差強人意的平凡，成績不至於被當，但也僅止於此。某個教授說，她對學業興趣缺缺，倒熱中另類搖滾，一整天搖頭晃腦地聽上好幾個小時。

在畢業之際，喬安就像很多表現還行但缺乏目標的畢業生，模模糊糊想著或許可以讀個英語教學研究所。然而她的第一份全職工作卻很普通，只是低階的行政人員，在當地商會當了一陣子的祕書。

出於無聊與好玩，喬安衝動地跟一個男子結婚，兩人育有一女。然而他們的性情南轅北轍，喬安被動又愛幻想，丈夫易怒又有暴力傾向，所以雖然有孩子，但兩年不到婚姻就吹了，兩人在家暴陰影下離婚。

此時喬安將近三十歲，覺得自己走上了死路，不僅失業在家，還有個女兒得養。或許不令人意外，她的情況開始每況愈下。她罹患了憂鬱症，有時會很想自殺，因此沒辦法做多少工作賺錢，家中經濟跌到谷底。據她所說：「我一貧如洗，只差沒有流落街頭。」雪上加霜的是，前夫開始尾隨她和他們的女兒，逼得她不得不申請禁制令。

然而喬安並非一無所有，她有個沒人知道的獨特天賦；先前的教育沒有發現，師長沒有看見，同學一無所知，但這天賦始終都在，靜候發掘。在家中經濟落入谷底的幾個月裡，她靠著領社會救濟金養活女兒，像是在逃避般躲回自己童年的奇想。社會會說她這樣做很不負責任，但湊巧的是，這卻讓她接近了她的天賦。當她放手任由想像力恣意馳騁時，天賦才開始沛然湧現。

現年六十八歲的肯恩，是另一個大器晚成的人。在家中三個孩子裡，他排行老么，小名叫波可，是西班牙文「小」的意思。他大哥是明星球員，是老師眼中的寶，很受歡迎，長相俊俏，能言善道，還贏得洛克菲勒獎學金，錄取史丹佛大學。然而肯恩卻沒有英雄出少年，他在學校表現平平，並開始相信自己的小名是指「渺小」。

肯恩在加州讀完中學，考進地方上的專科學校，沒多久就被退學。他聳著肩說：「我漫無目標。」後來他振作起來，重修被當的科目，順利畢業，轉到洪堡州立大學，主修山林管理。但是當他發覺這主要是在做文書工作，而不是在森林裡跋山涉水，不禁感到幻滅。

肯恩的父親是全國知名的財務顧問，肯恩開始跟著他工作，但兩人處得並不好。他說：「我爸在今天可能會被診斷出患有亞斯伯格症。他這人常感焦躁不安，會來回踱步，手指忍不住東敲西叩，而且無法揣摩別人的感受。雖然他其實不是個殘酷的人，但卻會說出很殘忍的話。」

九個月後，肯恩離開父親的公司，自己在外當起財務顧問。但他沒有多少客戶，而且幾年後大多數都跑了，他成天沒事做，只好到工地打工賺錢，甚至在酒吧彈滑音管吉他賣藝。不過多數時間他都在讀書。他說：「好幾年來，我都在讀商管的書，一個月也許會讀上三十本商業雜誌。在那十年間，我想出了一個有別於傳統的評估企業價值的理論。」

肯恩的父親患有亞斯伯格症，在帶人方面並不是一個好榜樣。肯恩的第一個兼職祕書工作九個月就辭職不幹，還說肯恩是個跋扈又糟糕的老闆。如今他承認：「我大概真的就是那個樣子。」

肯恩二十多歲時，財務顧問的工作始終做得沒什麼起色。但他靠著那套理論得到一點創投基金，甚至當上臨時的執行長，這讓他燃起一股壯志，賣力投入工作。

我大概有三十個員工。先前我從沒管過人，現在卻必須要管理，但我做得還行，而且遠比預期得要好。你知道我學到什麼嗎？我學到領導統御最重要的是你人要出現。我本來不相信這套，我讀的書裡沒提到，我爸也絕對沒這麼教。但熱忱是會感染的。我把執行長辦公室換到一間開放式的會議室裡，讓大家都看得到我。我每天最早進辦公室，最晚離開，而且每天都帶員工去吃午、晚餐，儘管只是吃些便宜的東西，但我有把時間和心力花在員工身上。我還會四處走來走去，一直找他們講話，留意每個人和他們的想法。

成果令我驚訝，也令他們驚訝。我在乎，於是他們也在乎。突然間，我感覺這就是帶領團隊之道。

肯恩到三十歲才開始發掘他的潛能。

你發覺這兩位大器晚成的人是誰了嗎？給點提示：喬安和肯恩都靠自己的力量成爲億萬富翁，時常登上《富比士》全球富豪榜。喬安．凱瑟琳．羅琳（Joanne Kathleen Rowling）就是J．K．羅琳，她是《哈利波特》的作者；肯恩．費雪（Ken Fisher）創辦了費雪投資公司（Fisher Investments），替全球五萬多個客戶管理一千億美元的股票和債券。

「你到哪裡去了，喬．狄馬喬？」美國民謠搖滾樂團賽門與葛芬柯在一九六〇年代暢銷金曲〈羅賓遜先生〉裡唱道。寫出這首歌的保羅．賽門明白，一九六〇年代是個狂亂的時代，社會不再像一九四〇和一九五〇年代崇尚不愛出風頭的沉默英雄，把他們當成文化象徵。新的英雄要青春不羈，掌握潮流。

在這個喧囂躁動的時代，我們會問：**你到哪裡去了，大器晚成的英雄？**

我會這樣問的原因在於，羅琳和費雪年少不得志，緩緩走過人生路，很晚才發跡，然後繳出驚人的成績，但他們的故事卻與今日社群媒體的文化脫節。現在羅琳五十多歲、費雪六十多歲，我們不禁想問：**如今振奮人心的大器晚成者在哪裡呢？**美國、英國、西歐和急起直追的亞洲日益富裕，大器晚成的例子是不是比先前少了？還是有其他理由？難道今日社會高度競爭、強調資料分析、充滿高度壓力，不適合大器晚成的人以緩慢步調尋找自己的天賦？

我認爲大器晚成的人沒有得到應有的認同，人類與社會也因此付出了代價，所以我決定研究這個主題，進而寫出這本書。我相信，如今我們比過去更迫切需要這些大器晚成的故事。

◆◆◆

在光譜的另一端，是年紀輕輕即功成名就的少年英才。芮莉・韋斯頓（Riley Weston）的成就非常驚人，十九歲就跟迪士尼的分公司正金石影業簽下三十萬美元的合約，替電視影集《費莉希蒂》寫劇本，描述加州大學洛杉磯分校一個大一新生的故事。韋斯頓年紀輕輕就一鳴驚人，還登上《娛樂週刊》雜誌好萊塢創意人物榜。

不過問題在於：韋斯頓的眞名爲金柏莉．克拉瑪，是位住在紐約的三十二歲女性。她爲自己辯護時說：「如果他們知道我已經三十二歲了，誰都不會用我。」她說得大概沒錯。

早慧似乎從來不曾像現在這樣占盡好處。二〇一四年，十七歲的馬拉拉．優薩福扎伊成爲史上最年輕的諾貝爾獎得主，還贏得沙卡洛夫思想自由獎和西蒙．波娃女性自由獎。在科技界，神童帕爾默．拉奇二十歲就創辦了歐酷拉虛擬實境公司（後來被臉書以二十億美元收購），成爲虛擬實境圈的要角。十四歲的少年羅伯特．奈伊開發出手機遊戲「泡泡球」，才短短兩週就賺進超過二百萬美元。伊萬．斯皮格是社交軟體Snapchat的創辦人，二〇一七年股票公開上市後，二十六歲的斯皮格身價就有五十四億美元之譜。不過這都遠遠比不上臉書創辦人馬克．祖克柏，現年三十四歲的祖克柏身價爲六百億美元，是全球最富有的前五大富豪。

即使在老成的西洋棋界，挪威的馬格努斯．卡爾森以二十五歲之齡三度登上世界冠軍。先前他十三歲就贏得西洋棋特級大師，二十一歲成爲史上最年輕的世界冠軍，二十三歲獲《時代》雜誌選爲「全球百大影響力人物」。

很多雜誌現今都在歌頌少年有成的英才。《富比士》每年都會公布「三十歲以下三十位傑出青年榜」，表彰青年才俊和明日之星。除此之外，《紐約客》有「四十歲以下二十位傑出青年榜」，《財星》有「四十歲以下四十位傑出青年榜」，《企業》有「三十五歲以下三十五位傑出青年榜」，《時代》有「三十歲以下三十位傑出青年榜」，全在歌頌英雄出少年。

請別誤解我的意思。為青年才俊拍手鼓勵並沒有錯，各種成功都值得認同與讚賞。然而現在這個時代並不只是認同青年才俊，而是過度稱頌年輕時外顯的成就，例如分數、金錢、名字和耀眼的工作等，其黑暗面便是在說：如果我們或孩子沒有在大學入學考試取得佳績，考進十大名校，改寫一個產業，或者在某個改變世界的酷炫公司覓得人生第一份工作，那麼在某方面來說就失敗了，注定一輩子是輸家。

我認為這種觀點影響了許多層面，導致社會對年少便取得成就產生狂熱，老師和家長因此犯下代價極大的錯誤，他們不當衡量我們的孩子，施加大量的壓力，使家中蒙受毫無意義的心理與情緒負擔。

在壓力極大的城市，有些菁英**幼稚園**就會利用父母對三、四歲子女會輸在起跑點上的恐懼。亞特蘭大的亞特蘭大國際學校為三歲孩童提供「完全沉浸式的第二外語教學課程」，一年學費為二萬美元。紐約的哥倫比亞文法學校更令人咋舌，一年學費為三萬七千美元，你三、四歲的孩子會上「嚴格的學業課程」，上課地點包括三間圖書館、六間音樂教室和七間美術教室。《親子》雜誌寫道：「哥倫比亞文法學校讓孩子替未來做好準備——考取一流大學不是夢。」

這可是真心話，如果不是想讓他們才三歲的孩子在起跑點就取得領先，家長又怎麼捨得花費四萬美元？這些貴族幼稚園說，高昂的學費是很值得的，可以讓你的孩子在十五年後考進知名大學。這種說法無比直接——或者說無比嚇人。如果你的孩子最後沒有考進「大學名校」，人生就會充滿艱苦。

家長讓孩子就讀適當的幼稚園之後，壓力可沒就此結束。「很多家長跟我連絡，說他們十四歲的孩子在暑假沒有好好做正經事，簡直讓他們急瘋了。」前史丹佛大學招生辦公室職員伊蓮娜·史密斯向《大西洋》雜誌表示。現在她在矽谷經營大學申請顧問公司，客戶通常得付一萬美元以上的顧問費。

錄取大學名校之後，花費更是驚人。如今在美國前二十大私立名校就讀四年，包括學費、膳宿費和書籍費等開支超過二十五萬美元。前二十大公立名校比較便宜，但四年的學費、膳宿費和書籍費等，依學生是在自己的州或跨州就讀，平均也要花上十萬至二十萬美元。

坦白說，我們的社會無比崇尚年輕有為，幼稚園到大學的校方紛紛出招搶錢，我們則擲出千金，負債累累。從一九七〇年以來，大學學費的調漲速度比通貨膨脹快了三倍之多，如今全美國的學貸總額達到一兆三千億美元，違約率為十一．五％。無論如何，急切地想要早點成功所導致的潛在危機，甚至比二〇〇八年的房地產泡沫還嚴重。

值得嗎？我們先停下來仔細思考，難道這輩子想活得成功圓滿，就非得贏在起跑點上？老實說，我看不到任何依據。事實上，我還看到很多反例。

以最近的體壇為例。二〇一八年的超級盃，費城老鷹隊和新英格蘭愛國者隊陣中都沒有多少五星級的早慧球員——準確地說，在兩隊合計四十四位先發球員中，只有六位在高中就是明星球員。

新英格蘭愛國者隊的四分衛湯姆．布雷迪，高中時期連一級或二級球員都不是，而是「未入列」。費城老鷹隊的四分衛尼克．福爾斯戰功彪炳，獲頒二〇一八年超級盃最有價值球員獎，但他不僅高中時期只被列為第三級球員，該球季多數時間甚至長坐板凳，直到球隊的先發四分衛卡森．溫茲在季末因膝傷停賽才有上場機會；而即使是溫茲本人，在高中時期的排名亦是「未入列」，這一點也不讓人意外：溫茲高三時在校隊主要不是擔任四分衛，而是接球員。

由於溫茲在高中是「未入列」，沒有大學名隊要他，他只得落腳北達科他州立大學的小球隊。然而他在該校身高暴長到一百九十三公分，體重增爲一百公斤出頭，在大學賽場上大放異采。而在大學時才出頭，以美式足球的標準來說其實算晚的了。現在我們捫心自問：有多少人是走著自己的路，可能像溫茲這樣後來居上？有多少人在高中是「未入列」，或在初入職場甚至是現在被刷掉？我們可能有什麼目前還沒有發現的天賦或熱忱，能使我們展翅高飛？

Google先前相信英雄出少年，原因顯而易見。這家公司當初是由兩位史丹佛研究生所創立，他們的SAT測驗數學成績絕佳。最初幾年，Google招募年輕的程式設計師和數學天才，就像在找兩位創辦人的翻版。後來他們發覺員工的組成不太平衡，太多分析能力強的高智商天才，卻缺乏人文知性和常識，導致網站首頁設計不佳，讓他們付出高昂的代價。近年來Google也發覺，SAT測驗分數與名校的學歷，並不能跟工作上的亮眼表現劃上等號。

當今的潮流是出頭要趁早，但大器晚成的人仍時有出色的成果。暢銷小說家珍娜．伊凡諾維奇生於一九四三年，在紐澤西的藍領家庭長大，後來成爲家庭主婦，三十多歲才發現自己在寫作上的熱情與天賦。但接下來十年，她出師不利，投稿屢遭回絕：「我把我寫的神祕故事寄給編輯和出版經紀人，用一個大紙箱來裝拒絕的回信。裝滿之後，我把紙箱燒了，然後套上絲襪，到派遣公司上班。」

伊凡諾維奇四十多歲才學著寫驚悚小說：「我花了兩年……跟警察喝啤酒，學射擊，練髒話，最後創造了史蒂芬妮·帕盧這個角色。」

億萬女富豪黛安·亨德里克斯生於酪農家庭，在威斯康辛州賣房子維生，結婚，然後離婚，十年後遇到屋頂承包商凱恩，兩人成婚，把信用卡額度用好用滿，創辦了ABC供應公司（ABC Supply），銷售窗戶、水溝和屋頂等建築用品。如今這家公司市值五十億美元。另外，黛安還跨界製作好萊塢電影。說到電影，名演員湯姆·漢克斯也是個大器晚成的例子，他的父親是廚師，母親在醫院工作，學生時期就讀地方上的社區大學，曾經看起來沒什麼前途。太空人史考特·凱利在外太空待了破紀錄的五百多天，卻自稱高中時感到很無聊，他甚至說：「正是因爲我成績落在後半段，其他同學才得以待在前半段。」通用汽車執行長瑪麗·芭拉當初爲了付大學學費，在通用汽車的工廠工作，檢查擋泥板和引擎蓋。全錄公司前執行長厄蘇拉·柏恩斯兒時住在公共住宅，剛進入職場時是從執行助理當起。珍妮·珂妮（Jeannie Courtney）五十歲時創辦了享譽國際的治療寄宿學校，專門協助迷惘的青少女；珂妮先前從沒受過該領域的正式訓練，只有一堆雜七雜八的經歷，例如教八年級學生、開錄影帶店和賣房子等，相當不起眼。

「美國人沒有事業第二春這回事。」《大亨小傳》作者史考特．費茲傑羅提出過這個錯誤的觀察。他大學就讀普林斯頓，二十五歲前後就在文壇聲名大噪，可說是年少得志，他本人也虛榮自負。然而那卻是他人生的高峰，等步入三十多歲，便一路走下坡。費茲傑羅肯定遇到過各種大器晚成，或是各種開啓事業第二春的人吧。費茲傑羅在四十四歲黯然離世，而雷蒙．錢德勒正是在這個年紀才開始寫推理小說。一九三九年，也就是錢德勒五十一歲的時候，他才出版了第一本推理小說《大眠》。

◆

現在事情有所不同嗎？青年才俊們屢屢攻占新聞版面，但他們眞像媒體說的那麼成功嗎？其實，他們很多都深陷泥淖。二〇一四學年，在距離史丹佛大學只有五公里遠的加州帕羅奧圖市根恩高中，有三名深受及早成功壓力所苦的學生，自殺身亡。這所高中都是一心追求能早日有所成就的好學生，但截至該學年三月，卻有四十二名學生因有自殺念頭而住院或接受治療。

根恩高中並非是特例。美國年輕人憂鬱或焦慮的比例在過去五十年間日趨增加。如今美國高中生和大學生達到重鬱症和/或焦慮症的比例，比一九六〇年代高出五到八倍。最近美國疾病管制與預防中心發現，美國高中生「有十六%表示認眞在考慮自殺，十三%表示有自殺的計畫，八%在過去十二個月內曾試圖自殺」。

這些數字令人怵目驚心。一如美國其他的文化潮流，這份焦慮的情緒似乎也傳播到了世界上其他國家。世界衛生組織二〇一四年發布的報告指出，憂鬱症是全球最多青少年罹患的疾病。

如果認爲考進好大學就能擺脫焦慮，那你就錯了。過去十五年，美國大學生的憂鬱症盛行率倍增，自殺率更增加了三倍。加州大學的研究指出，大學新生認爲自己情緒健康的比例是五十年來的新低。二〇一三年，全美大學諮商師學會的調查指出，幾乎所有受訪的大學心輔主管都認爲，面臨嚴重心理問題的校內學生愈來愈多。

自認面臨情緒問題的學生，比例日漸增加。二〇一四年，美國大學健康協會的調查顯示，有五十四%的大學生在過去十二個月內「感到極度焦慮」。

這種趨勢實爲嚴重的警訊。青少年患病數字增加的部分原因，可能是由於診斷方式進步、求助管道增加，因此求助意願也有所提高。但多數專家認爲，這種情形是源於我們的文化期望正逐漸改變。評量表現的指標與方法愈來愈多，連最出色的學生都被種種期望壓得喘不過氣來。

這可不該是追求及早成功的下場。

◆◆◆

大器晚成在過去被視爲沉著與堅定，如今這愈來愈像是口頭上的安慰，像是在說你有缺點與不足之處（畢竟你一定是因爲某些原因才無法及早成功）。這種趨勢很糟糕，貶低了我們身而爲人的許多重要特質，例如經驗、韌性，以及終生進步的能力。

即使是早早就獲得成功的人，在要做出改變人生方向的重大決定時，也有人會質疑他們是否有某種缺陷，尤其女性最會被社會如此輕視。卡蘿·珂恩（Carol Cohen）很早就表現亮眼，她就讀波莫納學院時擔任學生會會長，哈佛商學院畢業後，最終在洛杉磯的投資銀行成爲耀眼新星——當時她還不到三十歲。然後命運介入，人生出現轉折：她離開一帆風順的職場，專心養育四個兒女。當她試著重回投資銀行業，卻發覺大門已經關上。經過幾週的求職挫敗，她開始懷疑自己的能力：「我的信心垮了。我離開後，好多事情都改變了。金融交易不一樣了，電子郵件、傳訊溝通和投影片簡報也都不一樣了。」

珂恩猜想她不是唯一有這種感覺的人，於是在麻州劍橋市創辦了 iRelaunch 公司，定位為「重返職場的專家」，為想重返職場的專業人士及有意招募他們的公司提供顧問服務。她也常就這個主題在《哈佛商業評論》發表文章。當年珂恩年少得志，現在的她則是發展出事業第二春的耀眼案例。

◆

事實上，多數人都是大器晚成的（或有這種潛力）。在人生的某個時候，我們卡住了。像我自己就是，還一連卡了好幾年。二十五歲那年，儘管我有不錯的大學學歷，卻跑去做洗碗工、夜間警衛和臨時打字員等工作。當時的我很不成熟，也就難怪我愈來愈自卑，面對茫茫人生感到不知所措。回首當年，現在的我更能原諒二十多歲的自己，畢竟當時大腦的前額葉皮質（即是大腦研究者稱之為執行功能的區域）還沒發育完全。我的大腦確實還沒準備好成功。

你是否和我一樣？你的孩子也像這個樣子嗎？我們面臨沉重的成功壓力，在學校、球隊和初入職場時皆然，於是我們徬徨失措。然而神經科學清楚指出，我們不該把自己逼得那麼緊。大腦執行功能發育完全的平均年齡是二十五歲前後。我大概到二十七歲或二十八歲才覺得自己能夠理性思考，擘畫未來，才稱得上是一個成人。這時離我參加SAT測驗（我只有中等成績）已經十年了，離我從不錯的大學畢業（但成績差強人意）也隔了五年。我不寒而慄地想，如果當年我因爲這兩個失敗，永遠無法爬起來，該怎麼辦？我不禁慶幸，當年社會對及早成功的篩選機器不如今日這麼有效率，一時的失敗不會讓你永遠被否定。締造紀錄的太空人史考特．凱利自己也是大器晚成，學生時代的表現更是平庸，他告訴我：「雖然我人坐在教室裡，但其實大多數時間都看著窗戶外面。就算你拿槍指著我的頭，我也不會因此就變成強者。」凱利的大腦還沒準備好發光發熱。

我們許多人覺得自己更像是凱利而不是祖克柏。我們一開始也跌跌撞撞，困惑不已，在職場或學校遇到瓶頸，習慣不佳，運氣不好，不然就是自信心不足。然而我們有些人得以覺醒，找到自己的方向，踏上脫胎換骨之路；有些人則深陷羞慚，自認毫無機會，從來沒有展現能力獲致成功。對此我得說，一輩子無法散發光采對個人來說固然很糟，但是對社會也很糟。

也許，社會應該鼓勵有潛力大器晚成的人，尤其現在我們活得更長、成年得更晚，也更常嘗試新的職場機會。我們該知道，無論任何年紀都可以成功、卓越，都可以充分發揮所長。

所以到底什麼是大器晚成的人？簡單來說，他們通常有別人一開始看不出來的天賦，但卻比預期更晚發揮其潛能。重點是「預期」，因爲後來他們往往是以超乎預期的創新方式發揮潛能，連最親近的人都大感訝異。在那之前，他們沒有咬緊牙關設法滿足父母或社會的期望，那樣錯誤的道路只會讓他們心力交瘁，甚至引發憂鬱症或其他疾病。歐普拉說：「每個人都有至高的命運。」大器晚成的人正是以自己的計畫、憑自己的方法，找出自己至高的命運。

我爲這本書做研究的期間，曾詢問心理學家、社會學家和其他學者是怎麼定義與看待大器晚成的，**是否有什麼扎實可靠的研究能給出線索或指引？**我實在很好奇。

簡單來說，答案是沒有。目前很少有針對大器晚成的正式研究。多數學者似乎忽略了人類發展的這個層面，少數相關研究也只是在談發展障礙。換言之，大器晚成通常被視爲不良或異常。連在學術界，大器晚成的人都沒獲得多少尊重。

最近有些學者開始探索大器晚成的概念，破除「平均值的迷思」，探究個人發展的錯綜複雜。舉例來說，哈佛大學教育學院心智、大腦與教育計畫主任陶德．羅斯，以及賓州大學正向心理學中心想像力學會科學總監史考特．考夫曼，兩位都是大器晚成的人，在他們所寫的相關書籍中，都提到差點被高中退學的往事。然而，對於「大器晚成」，我們還是找不到一個普遍的具體定義。

為了協助填補這個缺口，我開始研究古今中外大器晚成的人。我訪談了數百人，他們要不是大器晚成，要不就是正在努力的路上。到底他們如何定義自己的成功軌跡？如何看待一開始的跌跌撞撞？又是怎麼克服大多數大器晚成的人所面臨的外在非難和自信危機？

◆

我剛開始研究時，所持的論點是：社會過度關注年輕有為，貶低大器晚成，獎勵少數人，卻漠視多數人。我認為社會就像是條效率極高的輸送帶，把多數人輸送到「技不如人」的垃圾桶；但其實我們需要的只是帶著新技能、懷著新習慣，跳回同一條輸送帶上，就此擺脫陰霾，重返戰局。

但後來我發現不是那樣。我所訪談的大器晚成者，大多不是複製他人的習慣、技能和職場之路，那樣做其實幾乎都適得其反，只會換來失敗與沮喪。

不妨思考一下他們剛開始的處境。文化和教育系統只會衡量少數的技能，所以他們的天分和熱忱遭到忽略，通往發現、鼓勵和潛能的道路因此封閉了。體制甚至沒看到他們，遑論替他們打開成功之門。由此看來，他們沒什麼必要爬回那條鼓勵及早成功的輸送帶上，勉強發奮振作，接受更多訓練，背負更多學貸。畢竟，那條輸送帶只通往一個方向——一個不屬於他們的方向。

也許，大器晚成的人必須**跳下**輸送帶，另尋一條新路。我無比希望這本書能啓發你或你的孩子這樣去做。

◆

本書的編排架構如下：前兩章檢視我們是如何步上這個過度強調及早成功的瘋狂時代，個人和社會又爲此付上多麼大的代價。第三章探討最新的神經科學和認知科學研究，指出我們不僅能在十幾、二十歲就取得成功，更能在任何年齡都大器晚成；而現今對及早成功的執迷是出自人爲建構，缺乏科學實證。第四章闡述六個大器晚成者獨有的強大優勢，我想你會感到訝異，並欣然鬆了一口氣。在本書的後半部分，我深入探索大器晚成的其他好處，雖然有些不太顯著，甚至乍看之下還像是壞處，但只要我們抱持正確的觀點，耐心演練，就能妥善駕馭，迎向一生的收穫。

盡情享受這趟閱讀之旅吧。等你讀完之後，我們一起繼續向前探索。

編按：作者於本書所進行的訪談以及援引的相關研究文獻與圖表資料，皆有標示出處與詳盡解說。讀者可至「圓神書活網」（www.booklife.com.tw）搜尋本書書籍頁面，下載全書注釋，對照閱讀。

第一章
我們對英雄出少年的執迷

知名神經科學作家喬納．雷勒是英雄出少年的絕佳範例。他在洛杉磯出生長大，十五歲時贏得那斯達克贊助的論文比賽，獲得一千美元獎金。之後他進入常春藤盟校中的哥倫比亞大學，主修神經科學，與人合寫唐氏症基因起源的論文。不過他不只沉迷科學，也在校內跨足政治和文學，先是替《哥倫比亞評論報》寫稿，後來還擔任這份知名刊物的編輯長達兩年。

一如預期，雷勒的下一步是贏得羅德獎學金。在牛津大學的沃爾森學院，他遵循學院創辦人以撒．柏林的腳步修習哲學。雷勒博學多聞，像美國開國元勳傑佛遜一樣，是位鳳毛麟角的英才；他甚至也像傑佛遜一樣，筆力萬鈞。二〇〇七年，二十六歲的雷勒出版了第一本書《普魯斯特是個神經學家》，贏得絕佳評價。沒多久，他又出版了兩本書，分別是二〇〇九年的《大腦決策手冊》，以及二〇一二年的《紐約時報》暢銷書

《開啓你立刻就能活用的想像力》。

雷勒不僅擅長許多學門，還深諳各種媒體，跨足出書、論文、專欄和部落格，在美國全國公共廣播電台主持《廣播實驗室》節目，展現廣播主持的天分。他也是深夜檔政治諷刺電視節目《荷伯報告》等的來賓，一派機智，妙語如珠。

於是金錢跟著滾滾而來。據說雷勒的《開啓你立刻就能活用的想像力》拿到一百萬美元的預付版稅。演講也成爲他的副業，獲利頗豐，雖然不及《紐約客》的作家同事麥爾坎·葛拉威爾一場演講就要價八萬美元，但雷勒一小時的演講最高也能索價四萬美元。雷勒才二十九歲就口袋充實，他斥資二百二十萬美元，買下位於好萊塢山的著名建築舒爾曼住宅。

雷勒憑其耀眼才華發光發熱，年紀輕輕即功成名就。

◆

雷勒在出版和傳媒上獲得驚人成功，像是在對《安靜，就是力量》的作者蘇珊·坎恩點頭示威。這種崛起我們也許能稱爲「神童典範」（Wunderkind Ideal）。二〇〇〇年代初期，雷勒從資優生一躍成爲暢銷作家，再引起媒體現象，反映了年少得志這種新的文化英雄，在這個我們還試著要站穩腳步的千禧年，席捲而來。標準的神童就像是雷勒，早早就取得成功，名利雙收，而且還人盡皆知。他們也許特別早慧，也許就是很聰明，擁有如同來自另一個世界般的魅力，不然就是家裡人脈甚廣。無論如何，神童不僅在自己所選的領域比別人更快攀上巔峰，而且通常能財源廣進。

媒體是追蹤神童崛起的重要媒介。過去幾十年間，「神童」這個詞在媒體平台的使用頻率一飛衝天。根據Google，「wunderkind」（神童）這個單字在書籍、文章、報紙和其他媒體上的出現頻率，從一九六〇年至今增加了超過十倍。無怪乎近代可說是年少得志的美好時代。例子不勝枚舉，歌手如泰勒絲、愛黛兒、蕾哈娜、賽琳娜和小賈斯汀；饒舌歌手如威肯和錢斯；影星如珍妮佛·勞倫斯、瑪格·羅比、亞當·崔佛和唐納·葛洛佛；模特兒如卡戴珊三姊妹和哈蒂德姊妹花。這些都是跨平台的名人，極具文化影響力，而且崛起時都才二十多歲，甚至更年輕。

最新的媒體平台是網路，由很多年輕的「網紅」主宰。YouTubers和Instagram的紅人叱吒風雲，如莉莉·辛格（IISuperwomanII）、傑克·保羅（jakepaul）、馬克·菲施巴赫（Markiplier）、柔伊·薩格（Zoella）和麗麗·旁斯（lelepons）等，他們各自擁有數百萬甚至數千萬名粉絲，有如擁有迷你版的媒體帝國，獲得大型企業贊助、廣告刊登費和出席費，而且闖出名號時才十多歲到二十歲出頭。

在體壇，運動員及早展現天分是優勢，可以讓他們進入最好的球隊、接受最好的訓練、獲得最好的資源。這些方面一向是如此，不同的是球員得更早就脫穎而出。例如歐文．帕羅（Owen Pappoe）才十四歲就獲得佛羅里達州立大學、聖母大學、路易斯安那州立大學、俄亥俄州立大學和阿拉巴馬大學等三十所大學提供的美式足球獎學金；十三歲的卡登．馬丁（Kaden Martin）、十一歲的泰坦．拉卡登（Titan Lacaden）和十歲的邦奇．楊（Bunchie Young）等美式足球新星，也都獲得不少獎學金；而哈馮．芬尼（Havon Finney）甚至才九歲就得到內華達大學的美式足球獎學金。像這種從眾多同儕中脫穎而出的年輕新星，不僅限於美式足球，長曲棍球、足球和排球等運動也把近三成的獎學金發給年紀小到還無法正式入隊的小球員。

不過近年來，愈來愈年輕的不只是運動員而已。P．J．弗萊克成爲明尼蘇達大學金地鼠美式足球隊的總教練時才三十六歲，打破十大聯盟（Big Ten）的紀錄。林肯．萊利在當上長年雄踞全美美式足球前二十強的奧克拉荷馬大學捷足者隊總教練時才三十三歲，年薪達三百一十萬美元。肖恩．麥可維當上NFL洛杉磯公羊隊的總教練時才三十歲，是現代NFL史上最年輕的總教練。

那麼那些口中咀嚼雪茄，手握聘雇（與解雇）球員與總教練的生殺大權，在後台撮合交易的各球隊總管呢？在我撰寫這本書的時候，至少有十名MLB的總管不到四十歲，密爾瓦基釀酒人隊的大衛．史提恩斯是其中最年輕的，才三十一歲。即便如此，約翰．查卡當上NHL鳳凰城郊狼隊總管時才二十六歲，是職業運動史上最年輕的總管，相較之下，史提恩斯已經是徹頭徹尾的老人了。

眾所皆知，科技是年輕人的玩意，但實在年輕到令人驚訝。二〇一六年，西雅圖的線上薪資資訊公司PayScale調查三十二家最成功的科技公司其員工的平均年齡，發現僅有六家的平均員工年齡超過三十五歲，有八家的平均員工年齡不到三十歲。這個調查結果也許證明了大家普遍的認知，但著實驚人。根據勞工統計局的數據，全美勞工的平均年齡爲四十二．三歲。而在PayScale的調查中，臉書的平均員工年齡是數一數二年輕，僅二十八歲（平均薪資爲二十四萬美元），Google的平均員工年齡爲二十九歲（平均薪資爲十九萬五千美元）。

至於執行長、企業高層和企業主呢？最近《富比士》列出三十歲以下的十位商界富豪，包括Snapchat執行長伊萬．斯皮格和共同創辦人巴比．墨菲，他們創辦Snapchat時都才二十二歲。

那麼我們國家的管控核心，也就是政界呢？三十五歲以下的全國政壇新秀包括美國民權聯盟移民政策主任羅瑞拉．普拉利、希拉蕊競選團隊的媒體負責人珍娜．羅溫斯坦、總統候選人伯尼．桑德斯的助手席夢娜．桑德斯和左翼政治家班．威索等。在白宮，三十一歲的史蒂芬．米勒成爲川普的資深政策顧問，二十八歲的荷蒲．希克斯則當上白宮連絡室主任，但不久便辭職離開。

媒體緊緊抓住神童崛起的風潮。我自己的《富比士》把「三十歲以下三十位傑出青年榜」擴大到整個產業，按各國分別排名，並在全球舉辦許多研討會。目前幾乎所有的主流雜誌每年都會區分爲商界、時尚界、廣告業、娛樂業、餐飲業、詩壇甚至是肉品包裝等領域，公布年輕有爲者的榜單，例如「三十歲以下三十位傑出青年榜」或「四十歲以下四十位傑出青年榜」等。

但我們還是忘掉「三十歲以下三十位傑出青年榜」吧——談到及早成功，三十歲已經逐漸被視爲跟五十歲沒兩樣了。《時代》雜誌從二〇一四年開始，每年推出「最有影響力青少年榜」。你沒看錯，是「青少年」。世人對青春與年輕有爲的痴迷堪稱瘋狂，時尚評論家西蒙．杜南說：「青春是最新的全球貨幣。」

現在先暫停一下。稱許年輕有爲者並沒有錯，他們的成就値得認可，只是我們的文化對及早成功的痴迷已經對多數人有害了。對步調與做法各異的衆人來說，像是在傳達一個訊息：如果你沒有很年輕就闖出名號、改變產業或賺進百萬美元，你的人生路無疑是走錯了。

我認爲這個訊息遠比多數人所想的更加危險。

二十世紀中葉左右，菁英領導開始凌駕於貴族政治（參見第二章）。這個趨勢在二十世紀下半葉更加急速發展，以致如今的社會普遍認爲菁英領導和貴族政治是同一件事。天之驕子不是高高坐在信託基金上，他們擁有的財富更爲現代。包括雷勒在內的大多數天之驕子，十六、七歲就在SAT測驗得到超級高分，進入頂尖大學。

由於菁英領導風行，我們滿腦子想著考試分數和大學排名。學子參加大學入學考試——也許考SAT學業性向測驗，也許考ACT美國大學入學考試，也許兩種都考，而現在兩種都考的比例比過去都高。二〇一七年，超過一百六十萬名考生參加SAT測驗，而參加ACT考試的考生人數首次比參加SAT測驗的考生多出約兩千人。許多學生兩者都考，在高二和高三期間考好幾次，還考SAT預考、SAT科目考試和進階先修課程考試。事實上，在二〇一六學年期間，超過六百七十萬名考生考過SAT或SAT預考相關考試。

由於大學的學費和學貸日益攀高，我們很容易忽略其實申請大學也所費不貲。學生眞正開始申請大學前，包括爲各種入學考試補習或請家教等，各種費用已經十分高昂。考試本身就是個產業，衆人爲了應考和備考花了數億美元。應考產業每年賺進約十億美元，從業人員超過十一萬五千人。

此外，有些一對一或多人線上教學鎖定有錢的家長，學費索價數千美元。學費高昂的部分原因在於個人家教的市場需求很高，有錢的家長確實肯一擲千金。矽谷的家長爲了孩子高中四年的家教費隨手就掏出五萬美元。普林斯頓評論公司和備考公司楷博教育集團等提供多人的團體補習課程，依然很熱門，學費也比較負擔得起。比方說，普林斯頓評論公司的三十小時團體課程索價一千到一千六百美元，依班級人數而定。然而個別家教更爲風行，而且通常收費更高。在紐約擔任家教老師的安東尼·格林（Anthony-James Green），最近以每小時一千美元的索價引起關注。套用公平教育倡議團體FairTest公共教育總監羅伯．謝佛（Robert A. Schaeffer）的話，這些價格清楚反映家長和學生處在大學入學的「軍備競賽」。可是對多數人來說，爲標準化考試花錢買優勢不僅值得，而且必要。只要考試分數相當程度影響到大學的申請，就有人想多些競爭優勢。

在升學考試之外，我們也同樣看到追求及早成功的壓力。以體育爲例，最近《華盛頓郵報》的報導指出，有七成的孩子在十三歲之前退出校隊。這是爲什麼呢？他們有一套現成的說法：「因爲再也不好玩了。」但這又到底是爲什麼呢？或許是因爲體育變得愈來愈專門，從小小年紀就得激烈競爭。這是出於兩個原因。

其一是出於傳統——但是速度加快了：有些孩子想在體育項目盡量有出色的表現。他們想在地區田徑賽一展身手，在高中籃球隊大顯神威，在美式足球賽場斬獲佳績，懷抱雄心往前衝，看看自己能否贏得全額獎學金，站上至高的大學賽場，日後也許可以成爲職業選手，甚至出征奧運。雖然所有時代的孩子都像這樣子摩拳擦掌、躍躍欲試，但日益富裕的社會卻更加助長了這種趨勢，選手才八歲就有機會參加體育夏令營，十歲就買最好的訓練器材、獲得最好的教練指導，甚至也許十四歲就聘請個人訓練員。簡言之，如今當個頂尖的體育選手需要投入的時間與金錢，遠較往昔更爲可觀。

讓大家想在賽場及早嶄露頭角的第二個原因比較微妙，也更腐蝕人心。《華盛頓郵報》指出：「我們的文化不再支持稍長的孩子為了樂趣而投入練習。培養『成功』孩子的壓力，讓我們期望孩子成為人中龍鳳。倘若他們無法躋身頂尖之林，我們會想趕快停損，要他們專注在自己擅長的項目。高中管弦樂團就是一個例子，那些無法當首席琴手的學生會懷疑是否值得繼續練琴。」

純粹出於熱愛而練球或練琴？那是二十世紀的想法啦！對許多學生來說，體育只是及早證明本事的手段。重點再次是進入好大學，以求盡早嶄露頭角。

頂尖成績學習中心的茱迪．羅賓諾維茲（Judi Robinovitz）就表示，體育可以為個人經歷加分。她以協助學子申請到最好的大學為業，推出《申請大學十大要項指南》，建議客戶好好「持續提升困難科目的分數」，取得「扎實的SAT測驗成績」。這建議並不令人意外。此外，她也教客戶如何參與課外活動，以盡量提升他們申請大學時的優勢。她的第四和第六個建議如下，我們可以特別留意她的用字遣詞：

四、在少數幾項活動展現衝勁、參與度和領導力。最重要的是深度，而非廣度。大學渴望的是「集中火力」的學生，而非「樣樣沾一點」。

六、特殊才能與經驗的錄取學生能讓群體變得多元，特別培養體育、研究、寫作、藝術或其他特長的學生享有優勢。

大學錄取的利刃再次抵著學子。你是否注意到她沒用**熱情**和**好玩**等詞？好玩與否並不重要。學子必須擅長某項運動（或樂器、戲劇、辯論，甚至是擔任志工），至於是否樂在其中一點都不重要。大學考官要求學生展現卓越，他們得找到擅長的項目，把其他項目丟到垃圾桶，方得「享有優勢」和「脫穎而出」。

爲什麼不呢？如今想考取大學比以往都難——連擠進以往如同「備胎」的大學都不容易。如下頁表中所示，自二〇〇一年以來，想錄取美國這十間名校日趨困難。

二〇〇一年，芝加哥大學錄取了四十四%的申請者，二〇一五年驟降至八%。約翰·霍普金斯大學二〇〇一年的錄取率爲三十四%，二〇一五年下降至十四%。賓州大學二〇〇一年的錄取率約爲二十二%，二〇一五年降至不到一半。事實上，在這十所大學裡，有八所的錄取率在短短十五年間減少一半至三分之二。在一個世代之間，競爭變得激烈許多，名校之門日益窄縮。回顧過往，以史丹佛大學爲例，一九五〇年的錄取率將近八十五%，一九九〇年的錄取率爲二十二%，如今只剩全美最低的四·六%。

表1-1　2001-2015年美國名校錄取率

學校＼年代	2015	2014	2013	2012	2011	2010	2009	2008	2007	2006	2005	2004	2003	2002	2001
哥倫比亞大學	7	7	7	7	10	10	11	11	12	12	13	13	14	14	N/A
杜克大學	11	11	13	14	16	19	22	23	23	24	22	21	23	26	N/A
哈佛大學	6	6	6	6	6	7	7	8	9	9	9	10	10	10	11
約翰·霍普金斯大學	14	16	18	18	19	22	28	26	26	28	35	31	31	35	34
麻省理工學院	8	8	8	9	10	10	11	12	12	13	14	16	16	16	17
普林斯頓大學	7	7	7	8	8	9	10	10	10	10	11	13	10	12	12
史丹佛大學	5	5	6	7	7	7	8	9	10	11	12	13	13	13	13
芝加哥大學	8	9	9	13	16	19	27	28	38	40	40	40	40	42	44
賓州大學	10	10	12	13	12	14	18	17	16	18	21	21	20	21	22
耶魯大學	7	6	7	8	8	8	9	10	9	10	10	11	13	14	16

搶破頭的還不只是名校而已。過去十年間，各大學的錄取率普遍大幅下降。西北大學的錄取率從六十二%降至三十二%，塔爾薩大學的錄取率從七十六%降至四十%，杜蘭大學的錄取率從五十五%降至二十六%，科羅拉多大學的錄取率從五十八%降至二十二%，范德比大學的錄取率從四十六%降至十三%。至於「備胎」型大學呢？即使是先前被稱爲「派對學校」的聖地牙哥州立大學和加州大學，如今的錄取率也僅有三分之一。過去十年間，全美所有政府立案大學的錄取率都下降了十%。明擺在眼前的事實是，現在已經很少有大學是你能夠「一申請就上」的。

在這種高度壓力下，整個相關產業應運而生，不計代價地拚命激發學生的潛能。在亞馬遜網站搜尋一下，就能看到簡直是無窮無盡的相關書籍，諸如《淬鍊孩子的恆毅力》《青少年學子的恆毅力寶典》《孩子的成功之道》《正向激勵之道》《我是怎麼把女兒教成了天才》《稱霸全班的竅門》和《虎媽的戰歌》，連「懶人包」系列叢書都共襄盛舉，推出《教出聰明孩子懶人包》。不只如此，其他商品也不勝枚舉，玩具、DVD、軟體、課程和益智遊戲不斷推陳出新，目標是把孩子變成天才。迪士尼旗下的小小愛因斯坦公司年賺四億美元，主攻嬰幼兒多媒體益智玩具市場，以「提升你家孩子的頭腦」為號召，銷售通路包括沃爾瑪超市、塔吉特超市和亞馬遜等。這只是一個小小的例子，還有很多公司推出健腦維他命、數學玩具、理科玩具和動腦工程玩具等，宣稱能讓孩子變得更有競爭力。說到底，我們實在不能坐視孩子在數理方面輸人呀。

根據美國運通的調查，美國家長每年暑假花費一百六十億美元讓小孩參加編寫程式夏令營、科技營、音樂課、舞蹈課、補充教學課和私人家教班。全美家長每年替孩子培養體育專長的花費高達一百五十億美元，並以一百美元時薪聘請專門的籃球教練和肌耐力教練，讓孩子參加全明星隊四處征戰。《時代》雜誌說：

地方聯賽已讓位給私人俱樂部隊伍。這類隊伍監管鬆散，各形各色，有些從屬於職業隊伍，有些則由缺乏經驗的兼職教練帶領。最厲害的隊伍互相爭奪出色的選手，在全國南征北討。

有些家庭花一成的收入在差旅、營隊、設備和註冊費上，讓孩子為競賽的勝利持續練習。

然而，如今孩子光是練習還不夠，還需要練習**得法**——符合心理學家安德斯．艾瑞克森所謂的「刻意練習」。麥爾坎．葛拉威爾在他二〇〇八年的暢銷書《異數》中，討論到艾瑞克森「練習一萬個小時」的概念，使他廣為人知。依據艾瑞克森的說法，刻意練習是專注於定義明確的具體目標與專業領域，從而有系統地憑藉著練習提升自我。家長要是想讓孩子做好刻意練習，必須聘請專業的老師或教練，他們有能力在如西洋棋、芭蕾或音樂等特定領域協助孩子精益求精，持續給予回饋；孩子自己也需要持續練習，不斷跳出舒適圈。

企業家彭內洛普．特魯克在她的書中談及十一歲的兒子，就清楚呈現了這種苦戰與瘋狂。茱莉亞音樂學院有為大學前的學生舉辦培訓活動，特魯克的兒子為了參加其中的大提琴手徵選，整整六個月每天花三小時練習拉一首四分鐘的曲子。「他學著怎麼改變曲子的節拍、怎麼加上調音器演奏，然後練習怎麼搭配不同的節拍器、怎麼把演奏速度放慢，慢到將四分鐘的曲子拉長爲二十分鐘。」她兒子和私人大提琴老師甚至曾一小時只練五個音符。最後，沒錯，他雀屏中選了。

似乎任何孩子只要專心練習就能成爲首席芭蕾舞者、西洋棋冠軍、數學天才或米其林星級主廚。根據恆毅力、專注和練習的主流理論，任何孩子只要進行足夠的刻意練習（還有家長得花一大筆錢），他們就能成爲音樂會上的小提琴家或奧運級的馬術家，這種設法追求頂尖的練習有助他們考進大學，日後功成名就。

所以這些趨勢可能有什麼後果？

◆

在這種追求及早成功的高度壓力下，太多孩子的身心健康出現了問題。在美國，有數百萬名孩童服用注意力缺失症的藥物，主要原因是該病症導致他們無法乖乖坐著專心上課，損及考試成績和學期分數，最終妨礙他們申請大學。心理學家暨醫師利奧納德·

薩克斯，以煩惱重重的青少年爲題，寫出《浮萍男孩》和《棉花糖女孩》，他告訴我：

現在美國青少年服用注意力缺失症藥物的比例比英國青少年高出十四倍，患有躁鬱症的比例比德國青少年高出四十倍，服用理思必妥和津普速等行爲控制藥物的比例比義大利青少年高出九十三倍。正是在這個國家——且唯獨在這個國家，我們只要碰到沒有科科高分或乖乖坐好上課的學生，首選的做法就是讓他們吃藥。沒有其他國家這麼做。這是美國特有的、很新的現象。

有些人會說，二十一世紀的美國社會把大學申請失利當成某種醫學疾病。如今，美國社會比往昔更把大學學歷當成美好人生的門票。然而大學的錄取名額增加無幾，家長只好努力把愈來愈多的學子，推向愈來愈小的窄門。

現在我們要問：我們今日犧牲其他花費，毀掉一家共進晚餐的時光，把孩子累得筋疲力盡，他們會因此更快樂、更厲害，變成更好的人嗎？這有助大家活得更好嗎？對大多數孩子來說，這是適得其反。逼孩子及早成功的壓力大有問題，這讓他們過得很洩氣。我們逼青少年像專業人士般辛勤練習，力求完美，在十多歲（甚至更小）就決定未來的人生道路，這樣其實是在傷害他們。這是在揠苗助長，關上他們的探索之路，養出脆弱的孩子。我們原本該鼓勵孩子懷抱遠大夢想，敢於冒險，從人生無可避免的失敗裡記取教訓，但我們不這麼做，反而教他們戰戰兢兢，不敢犯下半點錯誤。望子成龍，望女成鳳，反而養出脆弱的花朵。記者梅根．麥卡德爾寫了很多探討青少年如何害怕犯錯的報導，二〇一四年她寫下和一位認眞學生的談話：

在我的某場演講後，有個十年級的女生上前怯生生地問我有沒有空。我當然有時間跟她聊，我自己當年就是個膽怯的高中女生。當時她提出的問題是：「我了解爲什麼妳說要勇於嘗試新的事物，接受挑戰。可是我讀的是國際文憑認證的學校，只有百分之五的學生在校平均成績能拿到四分，所以我怎麼能修無法拿A的課？」

她回覆的大意是：如果妳在十年級不能嘗試新的事物，又有什麼時候可以呢？

著有暢銷書《心態致勝》的史丹佛大學心理學教授卡蘿．杜維克格外關注這個主題。某個夏末，我們談到她在教大一新生的這些年間，發現哪些改變。她說：「我認爲社會面臨一個危機。現在的孩子比以往更疲憊、更脆弱、更害怕失敗、更害怕打分數。

我從很多孩子身上看到的是，他們想打安全牌，希望可以不用交出點什麼東西，可以不用被檢視。」而他們可是史丹佛大學的學生——在人生裡早早成功的「贏家」。年輕人不再樂觀，反而恐懼失敗。

而且事態每況愈下。

二〇一一年來，青少年罹患憂鬱症和自殺的比例迅速增加。這格外可悲，因爲青少年的日常習慣其實逐年在轉好。美國青少年抽菸、喝酒和吸毒的比例日漸下降，其他已開發國家的青少年亦然，青少女懷孕的比例也已經降至史上最低。顯而易見的是，青少年的心理健康出現了問題。

過去二十年間，青少年憂鬱症和焦慮症的盛行率增加七十％。自二〇〇九年以來，青少年爲心理問題就診或上輔導室的比例增加一倍以上。過去三年間，因飲食失調而住院的青少年比例增加將近一倍。跟五十年前相比，美國高中生和大學生出現憂鬱症狀的比例增加了五到八倍。

這問題不只發生在美國，全球各地的青少年普遍都面臨了憂鬱的症狀。二〇一六年，世界衛生組織全球心理健康調查報告指出，憂鬱症是全球最多青少年罹患的疾病。有憂鬱症等心理健康問題的半數青少年，最初是在十四歲出現症狀。在美國等高收入國家，面臨心理健康問題的青少年只有不到半數有接受治療。不意外地，這常常會導致悲劇性的結果。

根據美國疾病管制與預防中心在二〇一七年八月發布的報告，青少年自殺率節節攀高，其中青少女的自殺率比過去四十年都高。二〇〇七到二〇一五年間，青少男的自殺率增加四成，青少女的自殺率增加五成以上。二〇一一年，死於自殺的青少年在二十年間首次超過死於謀殺的人數，僅次於交通事故。死於其他原因的青少年人數逐漸下降，只有死於自殺的人數持續攀高。此外，企圖自殺的人數也持續在增加。美國疾病管制與預防中心的統計專家薩利．柯坦說：「這些死亡人數只是冰山一角。」

令人費解的是，這些焦慮看起來跟現實世界的眞正難題沒有太大的關連，它們沒有反映出饑荒、貧困、戰爭、安全威脅或其他通常會影響心理健康的事件。美國青少年在經濟大蕭條、二戰和越戰（當時實行徵兵）期間，憂鬱症的盛行率比今日低得多了。美國青少年變得憂鬱，與他們感受世界的方式有關。

如今，社會對考試和成績的重視更勝以往。學生每天待在學校的時間多過以往，放學後也得花更多時間接受大人的家教、訓練、評分和獎勵。過去半個世紀以來，學生的焦慮與憂慮增加，花在專家口中的「自由玩樂」（也就是多數人所說的混日子）時間減少，學校和大人所主導的活動日趨重要。主宰所有事的是大人，不是孩子。這引發了沮喪、焦慮、精神病，甚至更糟的結果。

著有一百四十多篇關於青少年的論文與著作的心理學家讓・特溫格指出：「若說我們正面臨數十年間最嚴重的心理健康危機，一點都沒有言過其實。」特溫格認為，憂鬱症盛行率增加的部分原因在於，我們從著重**內在**目標轉為著重**外在**目標。內在目標關乎自己這個人的發展，例如鍛鍊你所選的技能或建立強烈的自我認同。相較之下，外在目標關乎物質獲取和身分地位，例如高分、高收入和好臉蛋。特溫格以數據指出，青少年如今比以前更看重外在目標。根據某個年度調查，大一新生認為「有錢」比「活出有意義的人生」更重要，但五十年前的大一新生可是認為後者比較重要。

◆

我們著重及早成功，例如盡量拉高測驗分數和在校平均成績、錄取最棒的大學和走上正確的職場之路，青少年根本沒多少時間能好好當個孩子。臉書創辦人祖克柏（當時他二十二歲）說，現在的年輕人就是「比較聰明」，這種觀點意謂著他們應該更早取得成功，但現實往往事與願違。祖克柏二十三歲賺到第一個十億美元，莉娜·丹恩二十五歲推出廣爲轟動的HBO電視影集《女孩我最大》；而另一方面，有成千上萬二十多歲的年輕人正坐在父母家的地下室，苦思著爲什麼自己在學校表現差勁，沒有拍出電影、沒有顛覆產業，也沒有推出時尚品牌。在人生明明就應該要多采多姿的時候，這份焦慮卻麻痺了一整個世代的年輕人。

瑞銀集團的研究報告顯示，二〇〇八和二〇〇九年的金融危機之後，千禧世代對風險的畏懼，超過經濟大蕭條以來的所有世代。他們更晚做生涯決定、更晚結婚、更晚投入職場，也比先前的世代更難五子登科。

雖然這些三十多歲的年輕人沒有成年人的種種責任與包袱，但卻比先前的世代更不願意冒險。二〇一六年，在二十五到三十五歲的年齡層中，只有五分之一在過去一年內換過住處，遠低於過去的世代。一九六三年，當所謂的沉默世代處在二十五到三十五歲之間時，有二十六%的人自稱在過去一年內換過住處；二〇〇〇年，當所謂的X世代處在二十五到三十五歲之間時，這個比例同樣也是二十六%。

皮尤研究中心的民調指出，今日的年輕世代也比以往都更晚從家裡搬出去。二〇一六年，在二十五到三十五歲的年齡層中，有十五%的人住在父母家，比二〇〇〇年高出五成，更比一九六三年高出將近一倍。最驚人的事實也許是，今日十八到三十四歲的人，比一九三〇年代經濟大蕭條時期更無法脫離父母獨立自主。

然而我們的文化卻強烈期望年輕人成功得更多、更快、更早，向二十多歲的年輕人傳遞出一個清楚的訊息：**你現在就得成功，否則一輩子都不會有出息**。

生涯教練克麗絲汀．哈斯勒的著作《二十歲宣言》探討年輕人的生活，以及她所謂的「期待落空」（Expectation Hangover）。「想到我得做到各個要點才能『闖出名堂』，還眞令我喪膽。」二十五歲的珍妮佛說，「這些要點包括：『依循你的熱情、活出你的夢想、敢於冒險、建立對的人脈、找出人生導師、取得財務自主、擔任志工、好好工作、考慮或實際去讀研究所，還要談場戀愛、活得幸福快樂與內心豐足。』我什麼時候可以只是活在當下，樂在其中？」某個來自維吉尼亞州的二十四歲年輕人哀嘆道：「你面臨壓力，必須在二十多歲就做出會影響一生的重大決定。如果只有寥寥幾個選項還比較輕鬆。」

在我爲本書進行研究之際，也遇到許多二十多歲的年輕人，都表達了類似的心情。現年二十五歲的梅格擁有不錯的大學學歷，獨居，在中西部的大城市從事亮眼的工作，卻爲了同世代的年輕人發聲道：「我時時刻刻感到一股必須做得更多的壓力。」

這有部分並不是什麼新鮮事。美國與其他富裕的國家，向來就崇尙青春的外貌與文化。在一九六〇年代文化革新期間，嬉皮代言人傑瑞．魯賓叫年輕人永遠別相信三十歲以上的人。不過他這句話主要是在抗議越戰，以及那些把年輕人捲入戰爭的（想必不可信的）大人。相較之下，過去這幾十年間，我們的文化對青春的執迷主要不是關乎戰爭和理想主義，而是外在的成功。我們主要崇尙的價值不再是冒險犯難和自我探索，而是可衡量的艱難成就。模範青年的定義是成績出色、稱霸考場、考進頂尖大學，初入職場即從事人人稱羨的工作，賺進耀眼收入，功成名就。

社群媒體平台直接訴諸年輕世代的焦慮，格外起了推波助瀾之效。例如臉書和Snapchat，尤以Instagram爲甚。我們早已知道電影、雜誌和電視能形塑自我形象，強化模範樣板，但現在社群媒體成爲最厲害的鏡子，反映我們文化的樣貌。根據英國皇家公共衛生學會的一項廣泛調查，臉書、Snapchat和Instagram等視覺平台讓年輕人互相比較，靠外貌贏取認同。該研究發現，Snapchat是導致焦慮、憂鬱和霸凌最嚴重的平台。這種互相比較與尋求認同的機會，正如特溫格所言：二十多歲的年輕人成天拿自己的外表、錢財、地位和成就等外在條件，跟無法企及的完美標準做比較。

可嘆的是，我們當中較爲年長的人並沒有過得多好。

許多產業都設法以年輕員工取代年長員工，科技公司尤其厭老愛少。以矽谷最成功的那些企業爲例，員工的平均年齡落在三十二歲以下。這指的可不是新創的獨角獸公司，而是那些產業巨擘，如蘋果、Google、特斯拉、臉書和LinkedIn。這反映出矽谷流傳多年的風氣。二〇一一年，創業投資家維諾德．柯斯拉對一位聽眾說：「基本上，超過四十五歲的人就生不出新點子了。」

記者諾姆．舍伯以舊金山整形醫師馬塔拉索的故事，呈現矽谷的年齡歧視：

馬塔拉索剛在舊金山開業時，客戶主要是年紀較長的中年人，如青春不再的校園美女、被外遇的配偶，以及想外遇的配偶。如今他的生意蒸蒸日上，超乎原有的想像，客戶涵蓋各年齡層……他三不五時得把科技業的年輕員工打發走。幾個月前，一個二十六歲的年輕人才因爲擔心禿頭來找他植髮。

求職顧問羅伯．威瑟斯專門協助四十歲以上的客戶在矽谷找工作。他建議年紀較高的求職者，請專業攝影師拍攝他們LinkedIn上的頭像，以掩飾眞實的年齡。他還建議他們到想求職企業的停車場和餐廳，了解該公司員工的穿著，這通常會讓他五十多歲的客戶捨棄西裝和公事包，改成帽T和背包。

美國退休人員協會的律師蘿瑞．麥肯認爲，科技公司執著於創新的想法以及高生產力，所以主管很容易就會陷入年齡的迷思，例如「年紀比較大的人沒有辦法工作得那麼快，他們無法自行想出新點子」、他們的想法和習慣已經僵化，以及他們和年輕世代處不來等。

矽谷確實是比較極端的例子，但仍反映出背後大得多的問題：今日的中高齡求職者面臨了過高的困難。美國退休人員協會二〇一六年的研究報告顯示，四十五歲以上的人有九十二％認爲年齡歧視在職場是司空見慣的。各地區的相關數據雖然取得不易，但根據二〇一〇年加州公平就業與住房部的調查，在一萬八千三百三十五名受訪者中，有五分之一認爲有年齡歧視，比種族歧視、性騷擾和性向歧視還高。根據公平就業機會委員會的資料，年齡問題占加州各類申訴的二十六％，在紐約州是二十二％，在德州是二十一％，在伊利諾州則是全美最高的三十七％。

乍看之下，年長者在今日的職場並沒有那麼屈居劣勢。五十五歲以上的勞工失業率在二〇一八年是四％，年長者的勞動參與率從一九九〇年代初期逐步上升至今。然而這些數據並沒有反映出年長失業者的求職時間其實變長了。美國退休人員協會二〇一五年的研究報告顯示，許多年長者面臨長期失業的困境。由於長期失業加上年齡歧視，他們想要找到工作更為艱難。五十五歲以上的勞工平均有四十五％處於長期失業（失業達二十七週以上）。根據許瓦茲經濟政策分析中心的調查，他們得花上三十六個星期才找得到工作，年輕人則僅需花上二十六個星期。更糟的是，他們找到的新工作時常待遇較低，工時較短，福利較差。根據該分析中心的數據，他們在新工作的待遇通常比前一份工作少二十五％。

這種情形對五十歲以上的婦女衝擊尤大。這令人感到意外，畢竟近年的趨勢是醫療照護等服務型工作增加，女性的學歷普遍變高，職業婦女理應受益才對。但是根據一項二〇一五年的研究，五十歲以上的婦女其前景在經濟大蕭條之後節節下滑。二〇〇七年，在金融海嘯前，五十歲以上的失業婦女僅有四分之一無法在六個月內找到工作；到了二〇一三年，長期失業的人口中有一半是失業的高齡婦女。

杜蘭大學和加州大學爾灣分校在近期的共同研究同樣指出，年長婦女在求職時面臨了年齡歧視。研究人員寄出四萬封假的求職信，其中隱約透露了求職者的年齡，並追蹤回覆率。就行政職位來說，四十一到四十九歲求職者的回覆率比年輕求職者低了三成左右，六十四歲以上求職者的回覆率更比年輕求職者低了四十七％。

年長的男性求職者同樣身陷困境。許瓦茲經濟政策分析中心主任特瑞莎．吉拉度奇專精勞工經濟，她說政府的工作年資統計就反映了此一事實。在過去五年間，高中以下學歷的五十五歲以上男性其平均工作年資從十七．七年降至十六．七年，其他族群的平均工作年資卻都有所增長。

他們可以稱之為「新失業族群」。一項以此為題的研究指出，失業的年長勞工面臨兩個難題：他們比年輕勞工更難找到工作，也更容易陷入經濟困境。「高齡勞工無法找到正職的工作，只好不情願地兼差打工，甚至心灰意冷，認為自己無法再找到工作，黯然退出職場。結果他們的退休金等存款節節探底，也不容易領取失業保險金，尤其還缺乏健保的保障。」

這種負面的趨勢並不難發現：很多人的年紀還沒大到能退休，但也沒年輕到好找工作。現在很多勞工空有一身本事，卻從職場被推開，他們老道的經驗反而變成負累。

這是讓許多人難以成眠的夢魘。

二〇一二年夏天，本章開頭所舉的英才模範喬納・雷勒正站在世界之巔，他的最新作品《開啟你立刻就能活用的想像力》創下銷售佳績，榮登《紐約時報》暢銷書排行榜第一名。他替《紐約客》寫稿，一小時的演講最高能索價四萬美元，在美國全國公共廣播電台主持節目，在《荷伯報告》擔任來賓，斥資二百二十萬美元買下好萊塢山的著名建築傑作。雷勒已經獲得多數專業作家窮盡一生都得不到的掌聲與金錢。這位年紀輕輕的羅德獎學金得主真是不可一世。

但好景不常。

忽然間雷勒中箭落馬，原因是他在《開啟你立刻就能活用的想像力》裡引用創作歌手巴布・狄倫的句子，卻被發現純屬杜撰，狄倫根本沒講過那些話。揭穿雷勒的是巴布・狄倫的粉絲，也是作家的麥可・莫伊尼漢：

「這很難形容。」巴布・狄倫曾這樣談自己的創作過程，「你就是覺得有些話想說。」

上面這段描述，出自雷勒的暢銷書《開啟你立刻就能活用的想像力》，這本書從神經科學的角度解釋天才的創意，雷勒針對這個主題有很多想法，從便利貼的發明人一路談到巴布．狄倫，於是有了上面這段文字。

問題在於，沒有證據顯示狄倫說過這句話。

一則沒有根據的引述頂多顯得粗心，但還能被原諒。然而莫伊尼漢指出，雷勒還捏造了其他狄倫沒說過的話。他想質問雷勒，但「雷勒卻躲躲閃閃，最後甚至直接對我說謊」。後來雷勒向莫伊尼漢承認，他編造了那些句子，不是改變字詞，就是把狄倫在不同時間、地點說的兩句話湊在一起，以支持書中對想像力的論點。

在這個醜聞爆發的前幾個月，已經有人懷疑雷勒在Wired.com的部落格涉嫌抄襲。有些是抄自他自己的文章，也就是記者口中的「回收再利用」，多數新聞倫理學家也會說那只是粗心，不算違背職業道德。然而在巴布．狄倫事件後，外界發現雷勒還抄襲了別人的著作，受害者包括《新聞週刊》的科學記者莎朗．貝格利。

《紐約客》和美國全國公共廣播電台很快就炒了雷勒，出版社下架了《大腦決策手冊》與《開啟你立刻就能活用的想像力》，後者也從亞馬遜的電子書Kindle裡消失。如今你只能在亞馬遜的二手書市場找到這兩本書。

至於雷勒本人呢？二〇一六年，他想靠新作《關於愛之書》捲土重來，但外界迅速做出殘酷的回應，例如作家珍妮佛．辛尼爾便評論道：

書籍仍是出版業的慢食，但現在雷勒先生又出來了，急著端出一個非文學類的滿福堡。

原本我就像是那些怪胎，還期待著雷勒先生會來一場可敬的復出，畢竟他頭腦聰明，文風大度。既然他爲了曾犯下的錯誤在大眾面前銷聲匿跡了一陣子，爲什麼不試著交出更個人、更用心、更創新的作品？我眞是不懂。但總之他就是沒這麼做，這本新書著實了無新意。

爲什麼雷勒這個早慧的天才會如流星般直墜？最好的解釋出自文學經紀人史考特．孟德爾：「在我看來，如果期待某個年輕記者成爲下一個奧立佛．薩克斯，就可能會有這種結果。」孟德爾說。薩克斯擔任精神科醫師數十年，鑽研心理學，然後才轉頭寫出暢銷書，並替《紐約客》撰稿。然而雷勒太快就從這個喜歡早慧天才的體系中獲益。

我無意數落雷勒的過錯，也不認爲他是個想欺騙經紀人、出版社、編輯和大衆的壞人。他是今日種種社會壓力與期望的犧牲品，他尤其體現了小說家沃克·柏西在《二度降臨》中的一句話：「你可能成績全拿A，卻當掉了人生。」

◆◆◆

在本書前言，我把大器晚成的人定義爲「通常有別人一開始看不出來的天賦，但卻比預期更晚發揮其潛能」。這裡的關鍵字是**預期**。第二，他們走著自己的路，而沒有咬緊牙關設法滿足父母或社會的期望。他們可以像是創下紀錄的太空人史考特·凱利，青少年時代明顯提不起勁，在學校很難專心上課以解救人生，後來卻在某本書、某個學科或某個人身上發現動力。他們可以在家照顧小孩十年，然後重返職場，感到面臨十年的落後，卻也多出十年的智慧。或者，他們可以在退休後終於開始追尋童年的夢想，或教導與帶領他人，從而發現更深的人生意義。任何年齡的人都能大器晚成，而且還可以不只成功一次。

現在把這想像爲障礙滑雪比賽。選手一個個出發，但你能從他們如何分別通過第一道、第二道和第三道定位桿，判斷他們的相對成績，知道他們是落後或超前預期的時間。現在把這套用在任何年齡的大器晚成者。社會設下不同的定位桿，預期大家在特定時刻來到特定位置，有些人通過得比較快——他們在國小、國中和高中成績耀眼，在SAT測驗奪得高分，然後進入名校大學，得到理想工作。他們迅速通過一道道定位桿，得以上台領獎。

人生不是奧運障礙滑雪比賽，但如果你不是那些頂尖選手，在人生的某道定位桿落後了，再想迎頭趕上可不容易。這影響我們很多人，是今日社會的重大問題。

事實上，導致我們無法及早成功的因子很多，例如身體或神經發展過慢、早期的童年創傷、非典型的學習方式、社經地位、城鄉限制、疾病、成癮、職場風波，甚至純粹是運氣不好。我們很多人在學校中無法充分發揮潛能，也就在大學及職場上落後，而原因在於我們被灌輸了關於自身學習能力的負面訊息，例如：「你沒有科學的腦袋」或「你當不了作家的」。

然後當我們年紀漸長，結婚生子，養兒育女，承擔家庭的責任，於是手中的機會受到限制，職場之路也被影響。其他阻礙還包括意外、疾病、憂鬱症和成癮等。這類因子隨處可見，拖延了我們發揮天分和能力的時間，而社會文化則讓我們因此覺得自己微不足道。

包括我在內，許多人都認爲自己只是大器晚成，其他人也許隱約覺得職場之路還沒走順。所有人都有某個認識、在乎或深愛的對象似乎在人生裡卡住了。但重點在於，我們不能放棄自己，不能放棄別人，即使社會讓迎頭趕上成爲難事也不能放棄——而且正因如此，我們更不該放棄。

雖然社會稱頌少年英雄，但在各個領域大器晚成的例子可說不勝枚舉。國際知名的盲人歌手安德烈．波伽利三十四歲才開始唱歌劇；舞蹈龐克樂團液晶大喇叭的創辦人詹姆斯．墨菲三十五歲才發行第一張專輯，這個年紀在電子舞曲圈根本就是人瑞了；創作歌手露辛達．威廉斯四十五歲推出第五張專輯《礫石路上的車輪》，終於大紅大紫；蘇珊大嬸四十八歲才在「英國達人秀」節目一鳴驚人；瑪莎．史都華三十五歲在朋友家的地下室開始做餐點生意，四十二歲出版第一本食譜，日後家喻戶曉。連強調前衛的時尚業都有人大器晚成：瑞克．歐文斯四十九歲殺出重圍，王薇薇四十一歲成名，薇薇安．魏斯伍德四十二歲闖出名號。知名藝術家瑪莉娜．阿布拉莫維奇三十多歲才在藝術圈找到方向，四十四歲憑〈七個簡單的作品〉獲得國際認可，五十九歲才藉著在紐約現代美術館的回顧展「藝術家在場」眞正成名。

大器晚成的作家也是各形各色。恰克．帕拉尼克三十四歲出版第一本小說《鬥陣俱樂部》；幽默作家大衛．塞德里三十八歲出版第一本散文集；托妮．莫里森三十九歲出版第一本小說《最藍的眼睛》，五十六歲憑《寵兒》贏得普立茲獎；珍娜．伊凡諾維奇四十四歲以史蒂芬妮．帕盧爲主角，寫出暢銷的犯罪小說系列；法蘭克．麥考特六十三歲寫出自傳式暢銷小說《安琪拉的灰燼》，抱得普立茲獎。

在商業界，湯瑪斯．希伯四十一歲才創辦他第一間成功的希伯系統公司，五十七歲創辦第二間成功的C3公司；大衛．達菲爾德六十六歲創辦仁科公司；蓋瑞．貝瑞爾在聯信等科技公司任職數十年，五十二歲才與高民環共同創辦GPS導航的領導品牌Garmin；約翰．托洛德七十歲創辦Vashon航空；億萬富豪迪特里希．馬特希茨大學讀了十年，以滑雪指導員爲業，四十歲卻創辦紅牛能量飲料。最後，可別忘了當代最厲害的創新高手：史蒂夫．賈伯斯。嚴格來說，賈伯斯不算大器晚成，但他是在四十五歲以後無與倫比的東山再起，才率蘋果推出iPod、iTunes、iPhone和iPad。

你能想像五十二歲才在好萊塢突然爆紅嗎？摩根．費里曼就是這樣。他在地方劇場浮沉多年，終於藉由《溫馨接送情》打開事業；該片女主角潔西卡．坦迪已經八十一歲，她也以本片首次獲得奧斯卡獎提名；艾倫．瑞克曼以在大銀幕飾演壞人廣爲人知，他原本經營視覺設計工作室，四十二歲才憑《終極警探》裡的演出初嘗走紅滋味；喬．漢姆被經紀公司放棄，在色情片公司擔任場景設計師，三十六歲才憑《廣告狂人》走紅；布萊恩．克蘭斯頓兒時流離艱辛，四十四歲才憑電視影集《左右做人難》發跡；珍．林奇四十五歲憑賈德．阿帕托執導的《四十處男》破繭而出；瑪果．麥汀達爾在地方劇場打滾數十年，六十歲才憑著電視影集《火線警探》在事業上取得突破。

有名的人不勝枚舉，但不有名的例子更多。世界上數以百萬計大器晚成的人儘管並不有名，卻成就非凡，他們充分實現自我，只是沒有登上新聞版面而已。

創造力不只專屬於年輕人。我們有些人只是需要更多時間，累積經驗，多方嘗試，才能找出一條路，好好發揮天分。人生充滿阻礙與挫折，充滿迂迴與失望。這些經驗帶來決心、本事和智慧，所以大器晚成的人通常更懂得自省、更謹慎體貼、更耐心十足、更設身處地、更能管控情緒、情商比較高，處理情緒的技巧也比較好（我會在第三章和第四章詳細探討）。無怪乎，他們比年紀輕輕就獲得成功的人更能妥善面對逆境。正如杜維克在《心態致勝》中所說，年少得志的人過早以一套固定的觀點解釋自己為何能年紀輕輕就取得成功，於是過度自信，不再學習與成長。例如網壇壞孩子約翰．馬克安諾，眼看著自己被後起之秀超越，也只能愈感火冒三丈。

在任何年紀、任何人生階段，我們都有辦法發光發熱——這個想法對人生非常重要，但我們卻正在逐漸失去這樣的信念。我們愈來愈少跟自己說大器可以晚成，反而受困於一心崇尚早慧英才——神童——的社會文化。我們因此失去了價值觀和安全感，這樣的文化縮減了傳統的成功之道，也剝奪了我們對自己生活與命運的主宰權。

我們瘋狂地追求早早就得功成名就，做不到就認爲自己是失敗者，這導致我們國家浪費了很多人才，扼殺了很多創意。在健康的社會裡，所有人都應該要明白：無論在人生的任何階段，每個人都能夠綻放光芒、重獲新生、成長茁壯，與成就非凡。

這件事原本應該是顯而易見的，我們卻讓它變得難上加難，這到底是爲了什麼？

第二章

以能力為衡量標準的殘酷謬誤

《烏龍大反擊》是部卡司二流的俗爛電影，票房卻出奇亮眼，一時蔚爲風潮。故事發生在一所虛構的亞當斯大學，幾個資工系的書呆子對抗校內兄弟會。結果誰贏了？當然是書呆子囉。

這部片在一九八四年上映，現實世界的書呆子也正開始反敗爲勝，遍地開花。一九七五年，比爾·蓋茲讀完大三後從哈佛大學休學。蓋茲SAT的數學測驗滿分，他覺得哈佛的教學進度太慢了，於是離開校園，跟住在西雅圖市郊的朋友保羅·艾倫創辦了微軟。一九八六年，微軟股票上市。一九九八年，微軟成爲全球市值最高的公司。二〇一七年，蓋茲成爲世界首富。

一九九〇年代初期，我多次訪問蓋茲，還曾經跟他一起旅行五天。當年他依然有說話時前後搖晃椅子的怪習慣，有些人認爲這顯示他可能患有亞斯伯格症。與他成爲全球慈善家之後的謹慎小心相比，當年他輕率得多，講話也直言無諱。

一九九〇年代，蓋茲把微軟比喻為高智商工廠。「沒有人智商比我們高。我們贏過甲骨文，我們贏過昇陽，我們也把高盛比了下去。」他告訴我，軟體公司招募世界級高智商人才的價值在於，「一個眞正優秀的程式設計師，勝過一千個平庸的程式設計師」。眞正優秀的程式設計師擁有高人一等的智商。他的邏輯是：程式設計師的智商，和職業美式足球員的四十碼衝刺速度一樣；沒有哪個雙腿不快的傢伙能在NFL踢球，也沒有哪個腦袋不快的傢伙能在微軟上班。

注意了：這位富豪是個神童，在智商上是個菁英，他的SAT數學測驗滿分無疑證明了這點。這樣的人盡是招募高智商的程式設計師，打造出全球最有價值的企業。

你認為這個例子是否讓人更加相信，SAT測驗不僅有助於錄取哈佛、史丹佛、麻省理工學院和加州理工學院，還有助於登上《富比士》全球四百大富豪排行榜？在我們的文化裡，智力測驗和SAT測驗是變得更重要或更不重要？

答案顯而易見。

如今在這個世界，智商最高的人賺進最多錢——而且賺得飛快，不用一輩子，只需短短不到十年就富可敵國。我見過很多厲害的年少英才，也很佩服他們的天分、工作倫理和願景，但他們的成就卻反映了某些問題。愈來愈多的超級富豪在標準智力測驗上贏過九十九%的人——謹提醒，智力測驗爲時短短幾個小時，在十六歲或十七歲時應考。

爲什麼會這樣？

◆◆◆◆◆

一九〇五年，有個德國出生的瑞士人在專利局擔任審查員。這是個大器晚成的人，遲至六歲才會講話；此時二十五歲的他，工作時很容易分心，屢次無法在局裡晉升。然而這一年，他利用空閒的時間，寫下一系列包括一篇博士論文和四篇論文在內，深深改變世界的文章。其中探討了光電效應、布朗運動、狹義相對論，還有質量與能量的關係，在最後一篇論文則以知名的方程式$E=mc^2$作結。他就是愛因斯坦，顛覆了我們對世界的基本認知。

不過一九〇五年還有另外一系列的論文也很出名，至今仍在定義我們的世界，論文作者阿爾弗雷德·比奈跟愛因斯坦一樣是個依靠自學的門外漢。一八五七年生於尼斯的比奈，大學時受法學教育，興趣廣泛又古怪，後來轉到神經科去研究，一輩子熱中於探討大腦的運作。比奈的研究方法天馬行空，例如他設計了一個記憶力測驗，以了解西洋棋手眼睛被蒙住時的表現；他研究催眠，因而危及了他的學術聲譽。此外，他還在巴黎的國家圖書館研讀相關論文，自學一個當時新興的學門——心理學。

一八九九年，法國立法強制六到十四歲的學童接受義務教育。雜學的比奈獲邀參加兒童心理研究自由委員會，評估兒童的學習能力和模式。令人難過的是，他不久就發現有些孩子什麼課都跟不上進度。該拿這些孩子怎麼辦呢？首先，你需要明確衡量他們的能力——他們到底有多麼難以學好？於是在一九〇五年，比奈和年輕的醫學生西奧多．西蒙設計了一個衡量三到十三歲孩童心智能力的測驗。他們研究五十個兒童的受測結果，決定中間分數和最高及最低分。這個測驗稱為比奈—西蒙智力量表，是世界上最早的智力測驗。

重點是：比奈只認為這個測驗反映了孩童在**某個時刻**跟同儕相比的心智能力。他從來就沒有說過，我們只要讓三到十三歲的孩童接受這個測驗，就能知道他們一輩子的智力。這種不幸的認知是出自一個美國人之手。

◆◆◆

一九九九年，記者尼可拉斯．雷曼（現為哥倫比亞大學傳播學院榮譽院長）出版了《大考：美國英才教育祕史》，探討SAT測驗的緣起，指出其直接源自智力測驗。據雷曼所說，當初認為智力測驗對二十世紀美國至關重要的，是史丹佛大學的心理學家路易斯．特曼。雷曼寫道：

特曼認為智力測驗是學界無與倫比的重大突破，能夠廣泛應用，並能奇蹟般地迅速衡量腦力。而在他眼中，腦力幾乎是一種生理特質，在現代至關重要。特曼推廣智力測驗不遺餘力，認為能衡量學生的能力，進行篩選，進而因材施教。

特曼把智力測驗改為史丹佛—比奈測驗，他相信這個測驗能夠讓人類的處境及其自身愈來愈好。然而他的理念源自一個二十世紀初期諸多重要學者所懷抱的信念——優生學：優良（例如高智商）的人該多多生兒育女，把好基因傳下去；不優良的人最好少生小孩（在二十世紀初期的美國，所謂的「不優良」指的是除了北歐血統之外的所有人）；例如智能障礙者這種「有缺陷」的人，則該當絕育。在特曼把比奈的原版測驗改為史丹佛—比奈測驗的二十年後，他與別人共同創辦了人類改良基金會，提倡要讓「劣等」種族絕育。

雖然這樣的想法在當年不幸地沒有受到質疑，但是特曼對心理學的正面貢獻不應被抹煞。一九一七年，美國投入第一次世界大戰時，有一百七十萬名士兵接受史丹佛—比奈測驗，以迅速了解士兵的心智能力，並決定他們是否適合擔任戰爭機器；在測驗中得到高分的就派到情報單位或接受軍官訓練，低分的則上戰場作戰。另一方面，在篩選機制截然不同的英國，則讓出身名門的人前往情報單位或接受軍官訓練，上戰場作戰的則是勞工階級。與英國相比，特曼的智力測驗不僅更有效，似乎也更公平，比較不受出身的影響。

史丹佛—比奈測驗大爲成功。美軍達到目的，以致食髓知味。然而特曼對優生學的擁護，即使是從二十世紀初期的標準來看，都是有害的。一九一六年，特曼在其《智力的衡量》一書中寫道：「邊緣型的人格缺陷……相當常見於西南部的印第安人和墨西哥人，也很常見於黑人。他們的遲鈍看來是源自種族因素，至少是源自家族血統……這些族群的小孩該加以隔離，編在另外的班級……他們無法妥善理解抽象的概念，但通常能訓練成很有效率的工人……從優生學的角度來看，他們有很嚴重的問題，因爲他們實在特別會生。」這段文字讓人難以卒讀。

不幸的是，在一九二〇年代，幾乎所有研究智力測驗的頂尖學者都受到優生學運動的影響。普林斯頓大學心理學教授卡爾．布萊漢接下特曼的火炬，他一九二六年替美國軍方設計出SAT測驗，對優生學的擁護簡直不輸特曼。不過幾年後，布萊漢對智力測驗的想法卻有了改變，他轉為厭惡自己所設計的這項在將近一百年後仍讓我們深深執迷的SAT測驗。

一九二三年，布萊漢撰著的《美國人的智力研究》迅速在學術圈造成轟動。和特曼與美國其他研究智力測驗的知名學者一樣，布萊漢認為有些種族確實比其他種族優越，例如他說：「我們的數據傾向於推翻『猶太人非常聰明』這個普遍說法。」他哀嘆當時的移民太多，尤其是來自「地中海」國家那些髮色與膚色較深的種族，「美國人的智力正在下降；當種族混合愈形普遍，智力更會加速直墜。儘管可能有點不堪，但從我們的數據來看就是如此。」

可悲的是，當時這種想法隨處可見。布萊漢的看法不僅沒有損及他的學術生涯，還讓他從研究智力測驗的學者中脫穎而出（日後他轉而抱持相反看法時，反而損害了他的學術生涯）。當美軍想改進戰時的智力測驗時，布萊漢、特曼與哥倫比亞大學的心理學家愛德華．桑代克都名列諮詢名單中。後來軍方偏好布萊漢修改過的版本，也就是SAT測驗。一九二六年，布萊漢毫不掩飾地表示，SAT測驗是一種更長久、更實用的智力測驗。

由於軍方採用SAT測驗，加上布萊漢普林斯頓大學心理學教授的顯赫身分，許多大學也開始紛紛擁護SAT測驗。一九三〇年，西點軍校（陸軍）和安納波利斯海軍學院率先採行SAT測驗，接著耶魯大學也採納了。不久，美國東北部的多數大學都跟進腳步。

SAT測驗大為風行，但布萊漢在設計出這項測驗的兩年後，立場卻有了一百八十度的改變。他認為這項測驗主要不是在衡量學子的智力，而是在衡量他們的學習經歷。一九二八年，他在獲邀向一群優生學家演講時說出自己的質疑。一九二九年，他寫道：「我愈是投身這個領域，愈認為心理學家犯了大錯。我們不應該再設計各種測驗，宣稱能測出哪些能力……這樣我們才能擺脫心理顱相學的階段（譯注：顱相學主要是在研究如何由人的顱骨特徵來判斷其心理特質或人格）。」一九三四年，就在他過世前不久，他稱這項測驗是「天大的錯誤」：

智力測驗風潮在約莫二十五到三十年前，伴隨著科學史上的天大錯誤來到這個國家。人們誤以爲測驗能排除學習經歷的影響，單純衡量天生的智力。但願現在沒人相信這個說法。其實測驗分數絕對受到學校教育、家庭背景、英文能力和其他相關與無關的因素所左右。「天生的才智」的假說已經死了。

然而「天生的才智」理論不僅活得好好的，還正要席捲八方。兩位哈佛大學的學者救了SAT測驗的聲譽，更進一步掀起熱潮。

一九三〇年代，改革山雨欲來。一九二九年十月至一九三二年七月，股市重挫八十六%，失業率飆升至二十五%。媒體常拍下排隊領湯喝的隊伍，民衆一個個面頰凹陷，整個畫面象徵著這個艱苦的時代，資本主義似乎失敗了。然而美國的傳統富豪相形之下卻比較不受經濟大蕭條的影響（與一九二〇年代靠股票和債券大賺特賺的新富階級相比）。許多傳統富豪仍住在豪宅，聘雇大批僕人，坐擁私人俱樂部與奢華遊艇。

日後成爲哈佛大學校長的詹姆斯·布萊恩特·科南特眼看貧富懸殊，不禁感到義憤填膺。柯南特家不是美國東岸的傳統富貴世家，他父親只是個開照相製版店的小生意人。儘管柯南特成績優異，但哈佛的同學非富即貴，他置身其中覺得如同次等公民。這種感覺在他一九三三年當上哈佛校長後，仍沉重地壓在他的肩膀上。哈佛的富家子弟過著不同的人生，他看得怒火中燒。如同雷曼所說：「哈佛的公子哥兒如今過著看來完全不像大學生的生活。當時美國每四個勞工就有一個失業，一片愁雲慘霧，但這些公子哥兒住在〔波士頓〕黃金灣岸區的私人公寓，由僕人服侍，出入波士頓的上流社交舞會，通常不去上課，學期末才臨時上特殊家教班，以便通過考試。」

柯南特決定從根本動搖哈佛的階級體系。能夠取代富家或貴族子弟的是什麼呢？他認爲是另一種貴族——才智的貴族。這不是什麼新想法，而是出自柏拉圖的《理想國》。古代中國也試過這個想法而且相當成功，當時他們的官員是經由科舉考試選拔出來的。在美國，這也不是新東西了，如傑佛遜就說貴族的特權不是源自繼承而來，而是源自「功績」（merit）。傑佛遜不只是思想家，也是發明家，提出用「人體測量器」來衡量功績：「我樂見人人可得讚揚，各適其位。」

柯南特的動力不只是對階級感到憤恨，還出自正義感。柯南特找了助理院長亨利．錢西（Henry Chauncey）來協助他。錢西的祖父是紐約貴族，但家族財產被騙光，錢西出生時，家裡已經沒多少錢了。長大後的錢西沒錢讀哈佛，去了當時以心理學研究著稱的俄亥俄州立大學，那是他很喜愛的領域。之後他轉學到哈佛，獲得獎學金，不僅攻讀心理學，也投入心理學底下的新學門：智力衡量。

柯南特和錢西將SAT測驗視爲對抗懶散貴族的武器。由於他們的賣力推廣，SAT測驗從此深深在美國社會扎根。柯南特和錢西沒有受優生學潮流的影響，兩人的行動不是出於社會達爾文主義和種族主義，他們是小羅斯福時代的左翼革新派。

柯南特尤其相信智力測驗對美國的國家安全極爲重要。一九四〇年，他進入美國國防部科研委員會。翌年他成爲委員會的主席，負責開發出一九四五年美國對日本使用的原子彈的曼哈頓計畫；他甚至參與了一九四五年七月十六日於新墨西哥州進行的「三位一體核試爆」計畫，目睹原子彈的首次試爆。

與反閃族的SAT測驗發明人布萊漢不同，柯南特看見猶太難民對曼哈頓計畫的成功有重大的貢獻。由於希特勒與納粹心狠手辣的反閃族暴行，德國頂尖猶太物理學家逃來美國，美國反而從希特勒的種族主義獲益。

然而柯南特明白，下一次美國也許就不會那麼幸運，所以他更是堅信該讓所有美國孩童接受智力測驗，以確保可以找出弱勢、鄉下和窮人家的數理或工程天才，並給予支持。在他看來，美國的國家安全與生存延續，都有賴於能否善用智力測驗。

SAT測驗持續風行，很快對美國文化產生影響。一九五〇年代初期，哈佛和其他常春藤盟校依然青睞美國東北部名門與私校的貴族子弟；但是到了一九六〇年代，測驗分數亮眼的猶太學生和偏鄉學生紛紛進入常春藤盟校，非裔、亞裔和其他少數族裔的學生也旋即跟上腳步。

從一九五〇到一九九〇年代，SAT測驗了取代名門世家，成為名校錄取學生的主要依據。既然SAT測驗日益重要，SAT準備課程自然應運而生。例如，一九九〇年代，《華盛頓郵報》的市場價值主要不在於他們發行的報紙，而是在於其旗下提供SAT備考課程的楷博教育集團。SAT測驗曾經引發幾次著名的爭議，例如韓戰期間，高分考生能否破例申請緩徵；或是SAT測驗是否對少數族裔的窮人家小孩不公——而這正是布萊漢的擔憂。最終對這股測驗熱潮提出重要批評的，意外的是這類測驗最早的擁護者之一——特曼本人。

如今，各種智力和性向測驗深入美國生活的各個層面，我們很難想像以前從沒有過這類測驗。在過去，人類也許聰明，也許愚笨，也許心思敏捷，也許思慮遲緩，但是從來就沒有一把能夠爲衆人實際分類與排名的量尺。特曼的史丹佛—比奈測驗能做到這一點，促成了日後諸多這類測驗，爲我們天生的才智和後天的學習打起分數。今天的美國人幾乎都考過至少一種智力或人格測驗，或是在高中考過SAT測驗或ACT考試，又或是在大學考過GRE、MCAT或LSAT。

所有這類測驗都源自特曼率先提出的智力測驗，也源自他一心把測驗給標準化，讓包括公職在內的國家機構採納測驗成績。不過特曼不光只是熱中於推廣智力測驗，他本身也是舉足輕重的學者。

一九二一年，他創立了特曼天才研究計畫，這是心理學界第一個針對高智商個人的縱貫性研究，也是目前延續最久的一個。特曼與他的研究助理，在加州的公立學校中篩選出一千五百多位生於一九〇〇至一九二五年之間的天才兒童，其中男性比例略高，大多數爲白人，幾乎全部都來自中上階級的家庭。

然而數十年過去，這些天才走過盛年，我們愈來愈能清楚看見他們其實並不特別，只是智商比較高而已。其中有些人確實頗爲成功，例如有些人當上了大學教授；但整體而言，他們跟其他人幾乎毫無差別，且由於他們大多已經走完人生路，這結果大概也不會有什麼改變。這些人大多數要不就是家庭主婦，要不就是從事一般工作，「像是警察、海員、打字員和歸檔員」。

儘管特曼仍然認爲智力可以遺傳，後來卻氣餒地寫道：「總之，智力和成就之間的關係，還談不上有什麼高度的關聯性。」

即便優生學最終落得惡名昭彰的下場，史丹佛－比奈測驗也無法預測成就，美國社會仍然相當熱中於智力測驗。一九五一年，僅有八萬名學生參加SAT測驗；到了二〇一五年，參加測驗的學生居然高達一百七十萬名。此外，在二十一世紀，全球各地也有許多大學都採用SAT測驗分數。

如此大量地使用測驗，催生了一個附帶的效應。那就是爲了及早批改大量試卷，測驗單位會盡量少出需由眞人批改的非選擇題，多出可以由機器算分的選擇題。這就是爲什麼SAT測驗雖然仍保有作文的部分，其他非選擇題卻都讓位給選擇題的原因。

由於智力測驗和SAT測驗等背後的理論是錯誤的，測驗結果通常也就不符預期。一九七五年，有兩位學者各自以不同的研究，指出這類測驗的明顯錯誤。美國社會心理學家唐納德．坎貝爾提出了後來被稱之爲「坎貝爾定律」的見解：「如果一個量化社會指標用於社會決策的程度愈高，這指標就愈容易走樣，也愈傾向於扭曲與損害這指標所測定的社會過程。」換言之，我們愈看重SAT測驗，測驗結果就會愈扭曲、愈容易走樣。英國經濟學家查爾斯．古德哈特則提出「古德哈特定律」：「任何用於管控的衡量方式皆不可靠。」換個說法就是：一旦考取高分成爲受測的目標，這個測驗就不再有效。再說得更直白些就是：任何東西只要有評分與獎勵，就不再準確了。

這兩個定律都指向一個糟糕的結果：我們對測驗的執迷，尤其是對獲取高分的渴望，反而致使測驗不再能夠有效地預測表現。像SAT這種測驗是要衡量學生經過多年學習與培養所得到的知識與能力，但我們卻只關注考試，而不重視這些年來的學習與培養，這個測驗因此無法妥善衡量我們的知識與能力，而是變成一場跟時間的競賽——考驗受試者是否能在特定時間內回答各個選擇題。

根據古德哈特定律，我們愈是依據測驗成績獎勵受試者，他們愈會千方百計地想要拿到好分數。於是有錢人會請私人家教，爲應考做足準備，進而考出高上許多的分數——但只有分數高上許多，不代表他們確實有學好那些科目。靠這樣就決定一個十六、七歲學生的未來，似乎不妥也不盡公平。

在智力測驗之外，該時代還產生了另外一種如今爲企業界愛用的人格測驗：麥布二氏人格類型測驗。這種測驗可以用來衡量感覺、直覺、情感和思維，據信能藉此界定個體如何感受世界並從而做出決定。

一九一七年，凱瑟琳．布里格斯發現女兒的男友和他家人個性迥異。布里格斯平時藉由自學、讀名人傳記探究這個問題，她逐漸想出一個把性格分爲四類的理論。一九二三年，她在讀瑞士心理學家卡爾．榮格的《心理類型》，了解他對人類個性的分類時，赫然發覺榮格的想法跟她自己的理論相呼應，於是她匆匆把自己的理論寫成論文發表。

一九二〇年代末期，布里格斯的女兒伊莎貝爾．邁爾斯加入這個研究。邁爾斯是位作家，她不僅協助母親的「分類」，還在一九二九年出版的獲獎小說裡協助推廣這個理論。邁爾斯畢業於以學術嚴謹聞名全美的斯沃斯莫爾學院，如今她跟著知名的管理顧問艾德華．海伊見習，學習測驗的藝術、統計分析和資料驗證，她認爲這些技巧能夠幫助布里格斯設計出測驗的方法。

一九四四年，母女兩人提出了麥布二氏人格類型測驗。時值二次大戰期間，有許多男性從軍作戰，女性只好代替丈夫進入職場，而她們希望這個測驗能助這些婦女一臂之力。由於麥布二氏人格類型測驗概念源自於企業界，因此很得企業界的青睞，迅速在十年內成為人力資源管理所使用的標準工具。一九六二年，邁爾斯寫的手冊由舉辦SAT測驗的美國教育測驗服務中心買下。

心理學界從來不曾採用麥布二氏人格類型測驗，他們認為該測驗過於主觀、會有使用者偏誤，也無從證僞。學者安妮．墨菲．保羅稱這個測驗是「不負責任的空想」，著有多本社科類暢銷書的華頓商學院教授亞當．格蘭特則說：「說到準確度，如果一邊是心電圖，另一邊是占星術，那麼這個測驗大概落在兩者中間。」不過這個有九十三道題目及四個象限的測驗至今仍廣受歡迎，也是全球最風行的人格類型測驗，世界各地每天都有許多人在接受測驗。

一九五〇年代和一九六〇年代，這類的典型測驗（外加數十種其他測驗）讓美國社會趨之若鶩，就學前的孩童會先做智力測驗，再按成績分班。SAT測驗和ACT考試的成績愈來愈能左右考生是否能被大學錄取，其影響力甚至超過考生的在校平均成績。在我們成年後的職涯中，每次找工作都得做各式各樣的性向測驗和人格測驗。

我們時常使用許多測驗——甚至是單一測驗——爲人排名，不僅對學生如此，對員工亦然。一九九〇年代初期，微軟、奇異和某些企業流行把所有員工按鐘形曲線排名，奇異執行長兼總裁傑克．威爾許甚至公然表示，他會炒掉每年表現最差的十%員工。許多企業紛紛效法這兩家全球前五大企業。他們一定知道自己在做什麼！測驗與排名帶來一種錯覺，看起來好像非常客觀，又有確切的數字可以佐證。如今職場上的訴訟層出不窮，採用這種方式能讓企業在拒絕替職員升遷或加薪時顯得客觀有據，因此比較不怕被告。這種做法似乎非常合情合理。

包括Google在內的部分企業雖然正式廢除這種排名式的徵人與升遷系統，也揚棄了在校的平均成績和SAT測驗分數，卻以邏輯問題和數學應用題取而代之，因此許多申請者和批評者指出他們只是粉飾太平，換湯不換藥。看來，即使企業想做對的事情，仍無法捨棄各種測驗背後的好處。

雖然智力測驗、SAT測驗、ACT考試和麥布二氏人格類型測驗等面臨批評，甚至經證實並不準確，它們卻依然活得好好的，甚至大爲風行。SAT測驗和ACT考試在二十一世紀的影響力更勝以往，盤據在美國高中生與家長的心頭。且由於麥布二氏人格類型測驗的成功，其他的人格測驗也如雨後春筍般紛紛冒了出來，例如五大人格特質量表、九型人格測驗以及DISC性格測驗等。也許這樣的發展一點也不讓人意外。而就在特曼、布萊漢和桑代克設法量化個人潛能的時候，還有另一個強大的趨勢正在美國成形。

◆

以下這段描述是否聽起來很熟悉？一項新科技問世了，把世界串連在一起，第一批有遠見的先驅大賺特賺，但離這片科技網絡很遠的貧窮勞工則備受打擊，富翁與貧人之間的鴻溝前所未見地大，鄉下的窮人蜂擁到都市，導致傳染病盛行與犯罪率高漲，憤怒的民眾無分左右，一肚子火，愈來愈多人懷疑美國夢只是個神話。

上文所說的新科技就是十九世紀末的鐵路。由於鐵路帶來可觀的財富、豪宅和遊艇，一八九〇年代常被稱爲「鍍金時代」。然而這個年代也帶來了一八九四到一八九七年的經濟蕭條，當時是美國史上最嚴重的一次不景氣（但一九三〇年代的經濟大蕭條更加悲慘）。

在這段經濟蕭條時期及其之後，愈來愈多的教育家和社會科學家開始尋求更好的方法，以管控貪婪的企業、過旺的經濟，以及相應而生的社會問題，因而出現了史學家口中的「進步時代」（「**進步**」在現代是指民主黨參議員柯瑞．布克和伊莉莎白．華倫所倡導的左翼自由派概念，但在一八九〇年代，這個詞指的是將科學化管理應用到各個方面，例如經濟學、教育、社會學、心理學、組織行爲和公共衛生等）。在政治面，進步主義否定了歐洲興起的社會達爾文主義、集體主義和無政府主義。事實上，進步主義獲得兩黨一致的擁護，既有共和黨總統老羅斯福的支持，也有民主黨總統威爾遜的相挺。

進步主義立意良善，尤其在公共衛生、工作安全、反托拉斯法和女性投票權上，催生了許多必需的改革。進步主義對教育和商管界也有深遠但好壞參半的影響，如進步主義嚴格要求服從，讓人類淪爲會動的零件。讓我們以該時代最爲舉足輕重的商業思想家弗雷德里克．泰勒爲例。

「過去，以人爲優先；未來，一定是以系統爲優先。」泰勒在他一九一一年出版的《科學管理原理》裡寫道。他的想法簡單明白，很吸引人：如果主管可以找出並開除浪費時間的員工，自然可以提高生產力。因此，主管需要觀察員工的行爲，加以紀錄、衡量與分析，目標是不再有員工無所事事，不再有員工混水摸魚，也不再有員工擅自施展創意。泰勒想簡化複雜的生產流程，將其拆成一個個最小的重複步驟，讓任何員工都能夠迅速執行。

可以想見，泰勒主義需要專制地掌控人員與工作。不過泰勒認爲這是在拯救勞工，讓他們工作得更有效率，賺進更多錢。二十世紀的前十年間，泰勒的影響力達到高峰，例如福特汽車工廠就採用生產線組裝的方式，充分實現了他的理論。正如泰勒所預測，福特付兩倍工資給生產效率最高的員工，表示希望員工也能買得起自家品牌的車子。

泰勒打開了進步主義的潘朵拉之盒。泰勒主義催生了許多新的計時、簿記和會計方法，還有工作流程表、機速計算機、動作研究和生產線計數法，主管得以觀測、評分、分析與控制勞工每分每秒的行爲。這是泰勒式科學管理的核心，其價值難以置疑。如今有很多新的科技，像是雲端計算、網際網路、大數據分析、人工智慧、機器人和工作流程應用程式，看似跟泰勒相隔了十萬八千里，但其實他的許多概念仍主宰了整個業界。

說來奇怪，泰勒那套科學化管理系統也在教育界扎了根。一百年前，美國教育界就認爲泰勒的方法是管理大量移民家庭兒童的最佳方式。約翰·富蘭克林·博比特一九一二年的著作《根除教育裡的浪費》，爲學校採行科學管理奠定了基礎。博比特認爲，學校應該要像產業界那樣有效率，根除浪費，關注產出，課程也該把學生變成有效率的工人。

就如泰勒那樣，博比特相信高效率的產出取決於中央專制，貫徹由上而下的準確指導。諸如哥倫比亞大學學者桑代克等教育圈的領袖，都公開提倡這種生產線式的架構，桑代克影響尤大，讓社會以科學化的管理原則看待教學、課程以及組織架構，並很快就成為主流的教育模式。正如哈佛學者陶德．羅斯探討天分差異的睿智大作《終結平庸》所說的，今日教育體系的僵硬與刻板，實源自工廠管理的概念：

我們的學校依然像一個世紀以前一樣，踩著同樣僵硬的（泰勒式）步伐跑流程。每堂課的時間長度是固定的，上課日是固定的，學期是固定的，學校提供同一套固定的「核心」課程，一切都是為了確保每個（正常的）學生在同樣的年紀從高中畢業，而且照理說也會具備同樣的知識。

史學家雷蒙．卡拉漢在其一九六二年的著作《效率狂熱與教育》中，探討科學化的管理方式如何影響美國的學校。書中檢視了泰勒對教育所產生的影響，例如善用校舍和教室空間以標準化工友的工作內容。另一項革新是老師必須記錄自己的教學，以期把「浪費」降至最低。

我們可別以為自己比泰勒那個時期更為明智。舉凡「不讓任何孩子落後」「共同核心標準」和「邁向巔峰教育計畫」等近期的教育革新，都讓標準化測驗在公共教育裡的角色更形吃重。然而泰勒對教育的影響不只是標準化測驗而已，如今我們的教育系統主要是按照一套工業系統在運作：持續邁向標準化和評鑑化，公開推廣功利導向的數理科學課程，甚至統一以鐘聲表示上下課的時間——彷彿學生只是一輛輛福特T型車，在泰勒設計的生產線上被製造出來。

對多數人來說，這聽起來很可笑。眾所周知，我們全是以不同方法在學習。學習是涉及神經、生理和情緒發展的累積過程，這表示我們全是以不同的步調在吸收、整合與應用知識。有些人剛接觸基本原理就開始拿來應用，有些人則全部學齊後才開始實際應用，像我一樣大器晚成的人尤其如後者般，就像恍然大悟一樣，突然把整個來龍去脈都理清了。然而這種學習方式會一路影響學生的排名和表現。有些學生很適合現有的教學模式，有些學生則表現得不符預期。

標準化測驗無法衡量學生的批判思考能力或實際投入的程度。老師被迫避開分析思考的教學，只教考試會考的內容，因而阻礙了學生的學習。這也貶低了專業教學的價值，就如同當年泰勒的理論貶低了工人自身技藝的價值一樣。教育淪落為準備考試的過程，課程品質和教師的教學技能都受到危害。人文教育也因而枯竭。

◆◆◆

我們對測驗的執迷產生了什麼後果？

如今，所謂的「成功」指的就是在智力測驗和SAT測驗取得亮眼成績，被比爾·蓋茲、高盛、Google、亞馬遜和其他聚集了高智商天才等企業所青睞的考試高手和天才神童。測驗成績最好的人賺得最多，也賺得最快。如今學校挑學生看的主要是智商和分數，學生前所未見地背負著需要及早成功的壓力。壓力鍋般的教育系統在挑選「贏家」，也就是在校平均成績和SAT測驗拿高分的學生，因此很多青年學子還沒成年就遠遠被拋在後頭了。很多年輕的成年人——尤其是年輕男性——決定對這樣的成人世界說不，住在父母家中，天天打好幾個小時電動。有的人飲酒作樂，有的人藥物成癮，靠各種方法逃避混亂與高壓而不快樂的人生。研究顯示，多數勞工覺得未獲賞賜，提不起勁。很多人則是展現其他的技能，走在非典型的人生路上，大器而晚成。

許多學校和企業還持續使用以智力爲基礎的測驗，反映出我們需要一個看起來客觀與正當的人才界定系統，其效力卻未經證實。重點在於，目前還沒有人能設計出一個可以準確衡量個人潛能或天分的測驗。原因很簡單：人類的發展錯綜複雜，擁有很多面向，所以我們無法以單一測驗或特定量表加以呈現。

然而我們的社會卻比以往更熱中於替自己測驗、分類與排名，這又是爲什麼呢？

◆

在本章稍前，我提到當今世界第二富翁比爾．蓋茲在SAT數學測驗拿到滿分。他認爲高智商人才賺進最多的錢，因此微軟早期就是以求職者的智商預測其程式能力與商業頭腦，許多企業也紛紛效法。

Google的兩位創辦人賴利．佩吉和謝爾蓋．布林在SAT數學測驗也考了將近滿分。一九九八年，還在史丹佛攻讀研究所的他們創辦了Google，兩人直到二〇一四年之前都會請求職者提供SAT成績（Google的母公司Alphabet現在明確聲明不再這麼做，但實際上Google仍會以各種題目和方法評估求職者的腦筋轉得有多快）。

亞馬遜創辦人暨執行長傑夫．貝佐斯是世界首富，他的SAT數學測驗也是滿分。

根據記者布萊德．史東的報導，貝佐斯「認爲亞馬遜成功的關鍵在於他們只聘用最聰明的人才。早期他親自負責面試，也會問求職者的ＳＡＴ測驗分數。貝佐斯說：『每次我們招募一個人進來，那個人就該拉高下一次的聘用門檻，這樣公司整體的智力永遠在向上提升。』」貝佐斯曾向記者開玩笑地說，他太太的ＳＡＴ測驗分數很高，所以兩人可說是門當戶對。

臉書創辦人馬克．祖克柏在ＳＡＴ數學和英文測驗都拿到八百分的滿分。蘋果的共同創辦人史蒂夫．沃茲尼克呢？他的ＳＡＴ數學測驗也是滿分。

再講兩個讓人目瞪口呆的數字：前述六位ＳＡＴ測驗的數學神童身價總和爲三千億美元，他們所創辦的企業總值爲三兆六千億美元，世界上只有九個國家的ＧＤＰ高於這個數字。

Paypal 共同創辦人暨臉書的董事彼得．提爾（他高中時是個西洋棋天才，畢業於史丹佛法學院，ＳＡＴ數學測驗也拿了滿分）表示，對整體經濟繁榮有益是一回事，受投資者青睞又是另一回事，兩者並不相同。在他看來，美國經濟有太多資金流向「位元」（bits）公司。「位元」是一九九〇年代麻省理工學院教授尼可拉斯．尼葛洛龐帝所創，這些公司的獲利或是靠演算法提供特定服務（如 Google、臉書和亞馬遜），或是靠演算法稱霸金融市場（如摩根史坦利、高盛和無數對沖基金），幾乎沒有做出任何實體產品。他們靠聰明的演算法創造市場，而非創造產品。

按尼葛洛龐帝和提爾的話，相對於位元公司的是型態較舊的「原子」（atoms）公司，他們投入實體產品的生產，例如採收穀物、提煉原油、鍛造不鏽鋼、製造汽車、裝訂書本、組裝電視，產品最終需要依賴陸海空的方式運輸到消費者手上。通用汽車就是典型的「原子」公司，他們在十七個國家擁有數十間工廠，員工超過二十萬人，每年出產一千萬輛汽車。

然而由於原子公司運用實體資源，需要工廠和商店，會製造垃圾，偶爾還會出現職災，所以受到嚴格的監管，也要繳交大筆的稅金。相較之下，位元公司是坐在電腦前面寫程式，幾乎沒用到什麼實體資源（主要用到電力，但電力的監管負擔是由能源公司與水電公司承受），不太會製造汙染，絕少出現職災。挑戰原子公司的位元公司，諸如Uber和Airbnb等，型態既新又顛覆，舊的法規系統甚至都還跟不上。位元公司的另一個優勢是稅收，創辦人和投資人被課以較少的資本利得稅，而非較高的所得稅。位元公司的獲利通常較不受稅法限制，臉書和Google等企業所繳的有效所得稅率為十五％，標準普爾五百企業平均則繳納二十％。

提爾認爲今日的經濟有利於位元公司，並非出自他的個人偏見（他以擁護自由意志的保守主義聞名），民主黨的民調專家馬克·潘也同意他的見解：「舊的實體經濟被法規管得死死的，新的科技經濟則獲准嘲弄法規，得到龐大的利益。」

難怪投資資金會湧向位元經濟，而避開原子經濟。Uber主打線上叫車服務，成立才九年，全職員工才約一萬人，但二〇一八年的市值卻高達七百二十億美元。通用汽車已經有一百一十年的歷史，現在的市值則爲五百二十億美元。Uber的市值竟然比通用汽車高出二百億美元。位元公司享有巨大的市值優勢，還能替自身延續優勢，做更多投資與併購，付人才更多薪水，這些都非原子公司所能及。過去三十年來，位元公司獲得愈來愈多不均的優勢。

這跟年少得志和大器晚成的人有什麼關係？關係在於：投資報酬率如此不均，如果你是個滿懷雄心壯志的年輕人（或家長），自然會面對一個問題：**該怎麼做才能進入位元公司？**答案很簡單，如同我們先前看到的，位元公司愛找頭腦好的人、在測驗裡脫穎而出的天才，他們想要佼佼者中的佼佼者。而在他們眼中，最能預測是否具備高超程式功力的就是SAT數學測驗。無論是學子、家長、老師和雇主，都必須面對這樣的事實：二十一世紀全球市值最高的幾家企業，皆是由在SAT數學測驗得到高分的人所創辦。很少人說出這個事實，但我們心知肚明。現在經濟起伏不定，社會給孩子極大的壓力，要他們考出高分，才能進入最有前景的產業，受雇於最賺錢的企業。

然而逼人考取高分並及早取得成功的壓力是有害的。

◆

二〇一四年，《富比士》點名一位三十歲的史丹佛輟學生爲全球最有錢的白手起家女富豪。這位名爲伊莉莎白．霍姆斯的女富豪，創辦了血液檢測公司 Theranos，開發出「一項新技術，不需透過靜脈抽血，只要從指尖取一滴血，幾乎不會痛，就能檢測幾百種疾病」。霍姆斯認爲她的公司能解救千百萬人的性命。

投資人紛紛跟進，相信能靠這家血液檢測公司賺進數十億美元。一筆接一筆的私人資金挹注，該公司的市值達到一百億美元。霍姆斯大權在握，靠著槓桿收購持有公司的半數股份，笑傲《富比士》榜單。

二〇一六年，一切卻土崩瓦解。《華爾街日報》記者約翰．凱瑞魯發表二十多篇報導，直指 Theranos 根本行不通。輕刺指尖所採得的血液樣本，常被破碎的皮膚組織所汙染，而且更糟的是，就算沒被汙染，這種微量樣本也比不上傳統的靜脈抽血。換言之，Theranos的方法根本沒有用，甚至還可能害民眾錯失檢查出自己患有嚴重疾病的時機，甚至接受了錯誤的治療，失去性命。最早注意到問題的是Theranos的首席研究員伊恩．吉本斯。公司營運長除了向霍姆斯報告此事，還交代吉本斯守口如瓶。然而東窗終究事發，聯邦調查局介入調查。就在霍姆斯把吉本斯叫進辦公室開除他的那一晚，吉本斯自殺身亡。他的遺孀原本還以爲霍姆斯和公司會表達哀悼之意，卻赫然收到公司律師寄來的信，威脅說如果她向記者告發此事就等著被告。

霍姆斯滿腦子想要及早成功，一開始看起來確實也注定會年少得志。她九歲時就寫信給父親說：「我這一生眞正想做的，就是發現人類原以爲不可能發現的事物。」她兒時開始學中文，在休斯頓讀高中時就賣程式語言給中國的大學，展開她的第一份事業。她考上史丹佛大學，拿到總統獎學金外加一筆研究主題任她自選的獎學金。大一暑假時，她在新加坡基因組研究中心工作。十八歲時，她發明了一款可穿戴式的給藥貼片，申請了生平第一個專利。

霍姆斯天資聰穎，壯志過人。她心目中的商界英雄是創辦蘋果再帶領公司攀上巔峰的賈伯斯。她很快就學習了賈伯斯的言詞和癖性——穿黑色高領套頭衫，雙手併攏指尖朝上，據說她還會緩緩眨眼盯著你看，目光之犀利簡直能把你的眼窩戳穿好幾個洞。她也學到了賈伯斯爲人詬病的做法，把公司管理得像個警察國家，一心防止員工互相談論各自的工作內容。她也擅長運用賈伯斯那套「現實扭曲力場」——假想自己天縱英才，公司的產品將所向披靡。

賈伯斯年僅二十一歲就創辦蘋果，二十五歲時蘋果公開上市，他成爲身價上億的年輕名流。霍姆斯愈來愈急著想趁早成名，趕快致富，以免輸給她的偶像。當指尖採血技術證明無效，她卻繼續一意孤行，而非設法改良。她時常獨自搭乘租來的灣流一五〇私人噴射機到世界各地演講。她以提告威脅媒體，還拜訪《華爾街日報》總裁魯柏·梅鐸，試圖阻止凱瑞魯的報導。此外，她還叫 Theranos 偷偷使用舊技術檢測血液樣本，好滿足沃爾格林連鎖藥局等客戶。

然而，《華爾街日報》的報導可沒眞的停下來，《富比士》和《浮華世界》等也做了跟進報導。二〇一六年，新聞傳了開來：Theranos 講大話卻做不到，說謊欺瞞，還威脅知情人士不能說出眞相。《富比士》兩年前把霍姆斯列爲全球最有錢的白手起家女富豪，如今則稱她握有的 Theranos 股票一文不值。

我們該怎麼描述霍姆斯？她天資聰穎，堪稱萬中選一，高中就精通中文與程式設計，在史丹佛大學拿總統獎學金，十八歲申請專利，十九歲憑超凡才智和魅力說服指導教授加入她的公司。然而她眞的天生就熱愛說謊，擅長欺詐，如同主導史上最大龐氏騙局的前那斯達克主席伯納·馬多夫嗎？我確實想過這個問題，但卻不這麼認爲，至少霍姆斯一開始不是如此。在我看來，她的致命過錯源自於她滿心想要及早成功，一步登天，而缺乏慢慢耕耘的耐心。當她的神奇計畫失利，Theranos無法成功檢測血液樣本，她不是停下來改良技術，卻反而變本加厲，把她的年少成功說得更加天花亂墜、上TED演講、搭私人噴射機到世界各地、遇到想拆穿騙局的人就揚言提告。

霍姆斯是壞人嗎？有幾百萬人這麼想。我倒覺得她這些舉動背後的原因更加錯綜複雜，沒有那麼非黑即白。她更像是陷在自己年少早成的故事裡，而鼓吹這類故事的正是我們的社會。

◆

今天的美國和其他的富裕國家，在各方面過著一、兩個世代以前還無法接受的多元生活。對於歷史上許多被邊緣化的族群來說，這是很重要的長足進步。過去三十年間，非裔美國人從大學畢業的比例增加了一倍。現在麥可・喬丹和魔術強森等不只是退役的傳奇黑人球星，還是球隊老闆。《富比士》最新的「美國白手起家女富豪榜」有十七位億萬富豪，其事業包括屋頂裝修、貨車運輸和零售等。同性婚姻現在是聯邦憲法所保障的權利，在全美五十個州都適用，包括蘋果執行長提姆・庫克等，很多商界領袖都公開出櫃。

雖然我們社會最近剛在公衆和政治容忍度上開了倒車，但民調顯示，最近幾十年來，大衆對教育和職場的多元開放、性別平等和同性婚姻的支持度都穩定增加。這種社會上的寬容態度延伸到許多方面，例如更尊重不同的生活方式、非主流的興趣，以及激進的認同政治。現在我們可以身上滿滿刺青與穿洞，卻依然保有很好的工作。我們可以性別流動，可以穿夾腳拖和帽T上班，成年後依然在蒐集漫畫書和打電動，這些行爲在我們文化裡的接受度遠遠高於過往。

然而當談到及早成功和多元天分，卻是背道而馳。我們對不同天分的接受度愈來愈低。有些人學習得比較慢，有些人擁有職場上沒有用處的技能，社會對這樣的人愈來愈苛刻。

我們的社會對國人變得更獨立、更多元思考感到自豪。我們認爲既然擁抱不同的身分認同和生活方式，自然也就擁抱了不同的學習步調和天分專長，我們也認爲現在更多人享有比過去更多的機會。然而這種認知錯得離譜。我們絲毫沒有發覺，這個社會過度看重網路公司和金融公司所偏好的迅速思考和程式能力。也許更糟的是，這個社會時常仰賴單一的測驗或模糊的評等，而不是能反映複雜如人類潛能的詳盡資料。

智力測驗和SAT測驗變得多麼凌駕一切啊！原先這些測驗並不是用來論斷某人這輩子是否能成功的。僅僅不過幾十年前，就算你的在校成績和測驗分數都只是普普通通，人生的大門也不會在你面前關閉。SAT測驗分數不會大幅影響未來賺多少錢、跟誰結婚、別人又是怎麼看待你。無論是藍領或白領工作，重視的是正直、熱忱、經驗、可靠、工作倫理、團隊合作與堅韌不拔，重點是情商而非智商。而如今，標準測驗成績排在後七十五％（即四分之三）的人可就艱辛許多。如果你需要不一樣的學習方式，除非父母有辦法讓你讀另類學校、請家教或在家自學，否則你就慘了。

無論我們是否認知或願意承認這種情形，這都是文化上的重大倒退。

如今你可能什麼對的事情都做了——努力讀書、考SAT、上社區大學或州立大學，但依然被拋在後頭。你也許遵循著數代以來的「成功之路」，卻仍一無所成，窮途潦倒。爲什麼？因爲你不夠聰明、不夠早慧，十七歲時的考試技巧不夠精湛，所以大概只是個不幸的庸才。

在過去，如果你高中或大學落居人後，還有不少機會能夠迎頭趕上。舉例來說，從軍就是一條改造人生的現成道路。以前從軍的人——主要是來自勞工階級的男性——可以藉此培養紀律、學習成熟、發現楷模，並提升自己的眼界，然而現在我們卻很少聽到這類的故事，也沒人這樣講了。以二〇一六年出版了意外暢銷作品《絕望者之歌》的傑德·凡斯爲例，他艱苦度過童年和少年時期之後，加入海軍陸戰隊，退伍後進入俄亥俄州立大學，最後畢業於耶魯法學院，成爲矽谷頂尖投資公司的負責人。這是一段非凡的人生故事，包含了探索、成長和自我發展。然而這故事最非凡的地方正是在於它的**非同尋常**。以前像這類的故事隨處可見，然而在現在這個表面寬容、實則嚴峻的社會，走在不同人生路上的人，很難功成名就、實現自我。

更糟的是，在這種一貫的社會風氣下，我們看不見一個明擺著的普遍事實：人的潛能十分多樣。有些人很幸運，學生時期就被單一面向的標準化測驗所肯定，這些人堪稱是幸運兒。其他人可就沒這麼幸運了，我們較晚成熟的能力要在很久之後才會得到發掘、認可或鼓勵，有的人甚至還沒有這樣的機會，於是多數人被誤貼上「不夠聰明」或「缺乏志向」的標籤，被歸類爲「懶散」或「沒勁」。可是事實上，這只是因爲我們眞正的能力與獨特的專長沒有發光發熱。過早面對的壓力和一貫的社會風氣，讓我們變得跟機器沒兩樣。

在這場競爭中，我們必敗無疑。

◆

機器無情地一年比一年更聰明，這個困境十分駭人。上一個世紀，當自動化技術問世的時候，主要是在取代單純的勞力活，因此對我們知識導向的經濟不太會構成威脅。隨著機器人能組裝的汽車零件愈來愈多，汽車工廠生產線的工人開始變得憂心忡忡；接著機器人和人工智慧入侵專業的白領工作，才引起大學和媒體的注意。現在，這個危機的影響幅度才愈發清晰。

二〇一六年秋天，前財政部部長兼世界銀行首席經濟學家勞倫斯·薩默斯寫道：「根據我的預測，到了本世紀中葉，二十五到五十四歲的人會有三分之一失業。每五年中，很可能就有超過一半的人失業長達一年。」這預測是根據美國知名人口統計學家尼古拉斯·艾伯斯塔德的著作而來，他稱這種即將浮現的失業潮為「美國的隱形危機」。

就在二〇一六年聖誕節前夕，白宮發表了一份五十頁的報告書〈人工智慧、自動化和經濟〉，指出：「美國應該投資人工智慧的開發，因爲人工智慧有『許多好處』，包括爲美國人提供未來就業所需的教育和訓練，協助勞工分享未來經濟成長的果實。」看起來還不錯？但我們繼續讀下去：「然而本報告書的作者群亦承認，有關人工智慧的各種影響，還有影響浮現的速度，大家仍莫衷一是。不同的研究人員，對接下來十到二十年間有多少工作會被人工智慧所取代的估計相差甚大，從九%到四十七%都有。」市場觀察網（MarketWatch）在發布這則消息時，還下了帶有戲謔意味的標題：「白宮：機器人將取代半數工作，但請大家鼓掌歡迎。」

展望未來數年，數以百萬計的白領員工原先認爲自己的工作不受自動化所影響，如今卻逐漸明白自己的工作其實沒有那麼了不起，便宜的軟體程式就能輕易取代。的確，我們很難想像有哪一個工作不會被人工智慧和電腦自動化所取代。舉凡醫藥、放射科、腫瘤科甚至某些手術都難逃自動化的結果。換言之，有些人得跟六位數美元的年薪和最受尊敬的職業說再見了。終身職的大學教授呢？線上學習網站已經在提供數位課程了。律師呢？LegalZoom 網站能協助顧客寫遺囑、開公司、申請離婚和註冊商標。建築師或工程師呢？市面上有 Autodesk 和 Revit 等建築資訊模型軟體和虛擬設計建構軟體，且已經被用來實際設計建築了。

麻省理工學院都市研究與計畫教授法蘭克．利維指出，「遵循特定規則」的白領工作是最容易被取代的。這類工作需要遵照複雜的規則與規定，像是提交案件摘要、閱讀圖表或設計結構等，雖然目前能帶來可觀的報酬，卻面臨被取代的風險，未來這種工作機會幾乎注定會消失。

我個人算是頗為樂觀，多數人應該能成功調適，但箇中陷阱顯而易見。現在社會鼓勵年輕人投入理工領域的相關工作，但諷刺的是，這類工作也許很快就會被人工智慧摧毀。舉凡工程、金融、實驗室和編寫程式等許多遵循特定規則的工作，原本像是未來的保障或是安全的飯碗，卻其實是陷阱，即將面臨廣泛的破滅。

◆

社會正面臨危機。我們執迷於測驗分數、在校成績，以及可衡量的年少得志，這原本初衷良善，卻已然過猶不及。我們現在有的不是獎勵各種才能的菁英領導制，而是日益狹隘的寡頭制度，由智力測驗和SAT測驗主宰生殺大權。少數早慧的天才占盡好處，但多數年輕學子還沒成年就落居人後，天生我材也沒用，狹隘的測驗並沒有發掘出他們潛藏的能力。像這樣過度強調及早成功並不合適。如今，人類的平均壽命愈來愈長，多數新生兒會活到二十二世紀，適合我們多數人的不是在SAT測驗考到高分或是一味投身理工領域，而是發現自己眞正的天賦，好好發揮，在任何人生階段都可能破繭而出。

在當前的這個困境，大學四年學費高昂，學貸日趨高漲。如今所有美國人共背負一兆三千億美元的學貸（參見前言），違約率為十一．五％，比二〇〇八年的房地產泡沫更嚴重。我們擔心孩子會錯失人生成功的唯一機會，所以瘋狂撒錢。這時代沒有世襲頭銜，沒有明訂的階級階梯，我們卻催生了一個勢利的新系統，極其崇尚智力測驗成績和大學名校的學歷。

爲了緩和這個危機，我們務必揚棄對及早成功的過度崇尚，別認爲人生有一條快速的成功之道。這對多數人來說並不公平，也無比殘酷，既忽略了各自與生俱來的天賦，切斷慢慢探索天分與熱情的機會，還貶低了個性、經驗、智慧、韌性、可靠、同理心和其他帶來成功與滿足的可貴價值，阻擋了多數人大器晚成的機會。

我們應該要做的事情恰好相反。我們應該支持人人各異的才能與成功步調，開放各種機會，而不是專橫地切斷早期的探索之路。如果我們想在未來發光發熱，這麼做實屬必要，畢竟未來是人工智慧與自動化無所不在的世界，如此也更符合每個人各有不同成功步調與方式的眞實情形。

然而社會不是偏重個人的差異性，而是極度偏好很早就展現考試才能，有資源上對的學校、上對的課程、找對的教練，既早慧又能夠在考試中取得高分的人。

在過去，成功不是賺進大錢、掙得名氣或是盡早取得成就，而是有機會把潛能發揮得淋漓盡致，以眞實的自我奪人目光；如今，神童典範、我們對測驗和排名的執迷以及獎勵敏捷腦力而非經驗與智慧的演算法經濟，卻毀了一切。

多數人都沒有在SAT測驗取得超高成績、無法讀每年學費四萬美元的幼稚園、不適合科學化管理原則下的學習進度與模式、不是運動天才、沒有超級外向、沒有壯志萬丈，也沒有腦力過人。

像我們這樣沒有在SAT數學測驗拿滿分、沒有頂尖成績、學習得又慢又普通的人——所謂大器晚成的人——能走出什麼樣的人生呢？

這是本書接下來各章節的重點。好消息是，雖然如今的神童文化顯得對我們很不利，但其實我們比想像中來得更有機會。

第三章
個人發展的多元步調

艾許莉十五歲就割腕自殺，逃學在外，和年紀比她大許多的男人約會。她當時深陷憂鬱、自虐和不知所措的漩渦之中，如今她卻是位諮商師和演說家。

艾許莉現在三十二歲，在度假飯店宴會廳的講台上分享她的人生故事。那是在一月的某個週六晚上，觀眾大約有六百人，剛享用完他們的雞肉大餐和甜點，把椅子轉向講台，聽艾許莉分享她的人生。現在的她健康又自信，跟當年簡直有天壤之別，不再像她所說的「一再躲避責任、自殘和逃跑」。

艾許莉所說的「自殘和逃跑」並不只是譬喻而已。她告訴觀眾，她從國中就開始用剃刀割腕，父母發現後驚慌地想阻止她，但愈是阻止她就愈要反其道而行。他們試過用管教、獎勵或是尋求輔導的方式，卻完全沒有效果，所以他們把她送到一所在鳳凰城以北、有一小時車程的實驗性寄宿學校春嶺女子學院。

艾許莉喜歡翹課出去，在路上搭便車，最長曾在鳳凰城過夜、消失將近二十個小時。這些行為愈演愈烈，讓她深陷危險。後來校內一位輔導老師願意真心傾聽，讓她開始重回正軌，拿到高中文憑，進入大學就讀，取得臨床心理學的碩士學位。從她逃學到鳳凰城至今，差不多過了二十年，現在的艾許莉以輔導徬徨的青少女爲業。她說：「我向來想當個無所畏懼的人，但這份渴望一度讓我用有害的方式去追求我想要的東西。現在我不僅能夠以更健康的方式去當個無所畏懼的人，還可以站出來幫助別人。」

就像艾許莉的例子，今日社會對年少早成的瘋狂追求並不符合實際的人生之路，而且違反了三個趨勢。第一，愈來愈多證據顯示，如今青少年在認知面和情緒面上，比先前世代成熟得更晚。第二，科技日新月異，世界變遷迅速，年輕人在大學或SAT測驗上展現的能力很容易就會過時，他們更需要在個人和職場上日新又新。第三，最新研究指出，人類的認知能力雖然會隨著年齡的增長而下滑，但會學到新的能力；直至人生的盡頭，幾乎所有尙稱健康的人都能在不同年齡、憑不同方式，取得耀眼的成就。因此，如果我們想要打造一個人人都能發揮一己之力的繁榮社會，就應該容許個人以多元步調發展自我。每個人都需要有機會——而且是很多機會，去遵循自己的頭腦、天分和熱忱，依著自己獨特的步調前進。

年輕人成熟的速度因人而異。每個家長都明白，愈來愈多的神經科學家和心理學家也確認了這個事實。許多心理學家認爲，十八到二十五歲之間是一段特殊的年紀，這個階段既不算是青少年，也不算是成年人。雖然在法律上十八到二十五歲被以成人看待，但其實許多人在這個年紀還缺乏某些重要的認知功能，尤其對大器晚成的人更是如此。

我自己的難堪故事就是個好例子。

我很喜歡當個小孩子。我國小時表現優異，各種運動都碰，跟父母、兄弟姊妹和朋友都處得很開心。進入青春期後，我的小小世界有了翻轉。國中對我來說跟監獄沒兩樣，其他男生的生理開始變得成熟，我卻彷彿卡在雪堆裡窒礙不前。他們對女生感興趣，女生也對他們感興趣。班上許多男女同學突然明白代數和幾何，把頭大的我拋在後頭。我沒辦法讀《梅崗城故事》這種嚴肅的名作。在學校中，我的成績還算過得去，但不再名列前茅。五年級時我的成績是整排滿滿的A，國中時卻大多只能拿到B。在球隊裡，我只是個替補。在人際關係上，同學找我碴、排擠我，還會扯我內褲逼得我滿臉通紅。還記得某天下午，一個九年級同學揍了我，我的眼鏡都被打斷了，但我沒有反擊，經過的同學都認爲我根本是個魯蛇。

升上高中後，我試著加入田徑隊，重新拾回一點尊嚴。長跑有利於瘦小的孩子，他們可以將自己的憤怒轉化爲疼痛忍受著。我一英里（一．六公里）跑四分三十六秒，不算太差；但我們學校的田徑隊是州冠軍，我的成績只能排在隊上第四名，教練似乎沒當我是一回事。我高三時的學業成績在五百二十一名同學中只能排第九十四名，在校平均成績則爲三．二分，是進階數學班裡最糟的。

看來平庸就是我的命運。我讀離家只隔三個路口的二年制大學，在經濟學、微積分和化學等科目都學得很吃力。我參加越野賽，居然還贏了；但我們學校的田徑隊很小，參加的也是最弱的聯賽，畢竟我們是人煙稀少的美國中西部二年制大學。

之後我得以轉學到四年制大學，還要歸功一個好笑的錯誤。我的一千碼室內賽跑成績是二分二十一秒，只能算是還好而已，只夠參加全國二年制大學的室內運動會。但因爲那是全國性的比賽，所以被史丹佛大學的教練注意到，而他誤把那當作是一千公尺賽跑的成績，以爲我有在全美大學聯賽上叱吒風雲的機會。換言之，我的速度比他所以爲的要慢了十％。雖然這十％不足以讓我贏得田徑獎學金，卻讓那位教練視我爲有望在全美大學聯賽出頭的中距離賽跑選手，特地打電話請招生組忽略我在二年制大學不起眼的成績和SAT測驗分數（後來我在校內比賽跟他聊天時才得知這個誤會）。

我很想要說：我善用這個天外之喜，稱霸田徑賽場，還贏得羅德獎學金——可是並沒有，我浪費了這個大好機會。我的成績依舊不見起色。我和美式足球隊員選一樣的課，因爲我（正確地）認爲他們有些人會選最簡單的課，也就是俗稱的「米老鼠課」。儘管如此，我的成績頂多也只拿到B，只有電影美學課拿了A減。畢業後，我的室友個個胸懷大志，紛紛繼續攻讀法學所、化工所和神學院，我則去當警衛、洗碗工和打字員。後來我終於在《跑者世界》雜誌擔任了七個月的編輯助理，這才眞正開啓了我的職涯之路。但我工作時恍神又偷懶、跟同事起爭執、拼錯選手的名字，在被炒魷魚前就先行辭職不幹。之後幾個月，我會趁在酒鋪値夜班時偷酒喝，醉醺醺地工作；下班後開福特老車回殘破的公寓，半路在便利商店買垃圾食物打發早餐。

在一個寒夜，某個屈辱讓我對自己的一無所成有了頓悟。

那時天色已黑，我走出警衛室，開始每小時例行的巡邏工作。我穿著美國保全公司的制服，黑長褲，短袖灰襯衫，胸前口袋別著閃亮的徽章，像是購物中心的警衛，只是我的警衛室位在北聖荷西一處貨車出租場。我沒帶武器，只拿著一個冰球形狀的大消防鎖，巡視這個四周有圍欄的租車場。我得把鑰匙一一插進圍欄上十來個檢查箱裡，證明我每小時都有妥善地巡邏。

突然間，暗夜的某處傳出一陣狗叫聲。那是大狗的叫聲，目的是在示威，一直叫個不停。我拿起手電筒環顧四周，想知道聲音來自何方，最後發現，原來是隔壁伐木場裡有隻羅威納犬。

這時我猛然想到：隔壁伐木場請的保全不是人，而是一條狗。這就像是一記當頭棒喝。我二十五歲，史丹佛畢業。幾個月後，同樣二十五歲的賈伯斯讓蘋果公開上市，改變電腦產業，荷包滿滿；而我則窮途潦倒，隔壁同事還是一條狗。

這就是二十五歲的我。

然後一切改變了。二十六歲時，我的頭腦開機了——對，我真這樣覺得。我在一家研究機構找到寫技術文件的工作。二十九歲，我結婚了。我跟朋友創業，我們的公司後來成爲矽谷頂尖的公關公司。三十四歲，我與別人合辦矽谷的第一份商業雜誌。三十八歲，《富比士》請我創辦一份科技雜誌。四十四歲，我成爲《富比士》的發行人，展開演講生涯，到全球各地演講。四十六歲，我學會開飛機。四十九歲，我以自己的飛行探險爲題，寫出一本暢銷書。我五年級時的夢想是闖出名堂，而這夢想正在實現。

回顧當年，我職涯的轉捩點是在二十多歲下半。那些年，我不知怎麼地，忽然從國中開始的漫長沉睡裡醒了過來，二十九歲時才開始覺得自己的大腦終於能夠完整運作。我以《華爾街日報》和《紐約時報》取代電視新聞；我讀意識形態相異的政治雜誌；我能夠用直覺與邏輯思考，並能分辨兩者的不同；我能寫句子、寫段落、寫整篇文章；我學會規畫並經營自己的事業；我能夠預測生意機會、寫企畫書，還能妥善應對比我更爲年長和成功的人士。

整個新世界在我眼前打開了。

爲什麼我會在二十多歲下半覺醒？我是怎麼從渾渾噩噩的青年時光驚醒，拾起成年人的機會與責任？

◆

愈來愈多研究顯示，在我們目前所認知的青春期到成人之間，還缺少了一個階段。在十八到二十五歲之間，多數人還不能算是完全的成年人，而是處於波動不定的後青春期，大腦的某些認知功能發展得還不完全。這個年齡層的前額葉皮質（即額葉的處理中樞）最晚才發展完全，時間通常落在二十五歲左右或更晚。前額葉皮質就位於額頭的後方，負責處理諸如計畫、組織、解決問題、回顧記憶、抑制反應以及分配注意力等複雜的工作。

認知科學家靠神經成像研究前額葉皮質的兩個重要特性，也就是發展得較晚以及龐大的體積。基本上，額葉（即前額葉皮質所在之處）的發展是由後往前，先從主要運動皮質區開始，再來是頂葉和顳葉皮質，最後才是前額葉皮質。

我們也許不該對此感到驚訝。與其他物種相較，我們的前額葉皮質顯得很大。新皮質包含人腦進行高階功能的整個部位，而以成人來說，前額葉皮質幾乎足足占了新皮質的三分之一。相較之下，黑猩猩的前額葉皮質只占新皮質的十七％，狗的前額葉皮質只占新皮質的十三％，貓的前額葉皮質則只占新皮質的三％。

值得注意的是，前額葉皮質的許多關鍵變化出現在十幾歲晚期到二十歲出頭。髓鞘化是神經纖維被髓鞘質廣泛包覆的過程，在髓鞘質的隔絕下，神經訊號得以更有效率地傳遞。此外，大量的突觸修剪也發生在這段期間。這聽起來也許像壞事，但其實不然，先前的神經暴增導致網絡連結過於複雜紊亂，突觸修剪則有助於化繁爲簡，讓訊號的傳遞更加有效。另外，前額葉皮質在這段期間會提升跟其他腦區——尤其是和情緒與衝動相關的腦區——溝通的能力，整個腦部變得更能執行例如規畫和解決問題等複雜的認知程序。

控制情緒和衝動、擬定複雜的計畫、未雨綢繆，這些是成人的關鍵能力，但大多數十八到二十五歲的人卻還沒妥善地擁有這些能力。心理學家以「執行功能」（executive function）來指稱神經系統的成熟發展。因為缺乏執行功能，導致艾許莉的自殘和逃跑，也導致我自己的毛躁與不成熟。執行功能跟智商、潛能和天分無關，只是一種能力，可以預見問題、有效規畫、設想後果，並且看見風險與得利的機率。執行功能涉及發展自我（如身分認同、個人信仰和價值觀）、管控情緒與設立目標。大多數的執行功能，主要是由腦中最慢、最大與發展得最晚的前額葉皮質，負責協調與控制。

由美國國立精神衛生研究院所贊助的一項針對腦部發展的縱貫性研究，追蹤將近五千名三到十六歲的孩童和青少年（最初的平均年齡為十歲），發現他們的頭腦是在二十五歲之後才發展完全。邊緣系統負責產生情緒，前額葉皮質負責管理情緒，兩者發展的時間相差甚大——邊緣系統在青春期迅速發展，前額葉皮質則在接下來十年還持續發展。當邊緣系統已經成熟，前額葉皮質卻仍未成熟，這表示情緒也許遠遠凌駕於理性判斷、策略思考和後果考量。

這也表示，大多數十八到二十五歲的人確實無法好好地管理情緒，也無法足夠專注地做負責任的判斷，但是這個年紀的人卻正在接受各式測驗、成績和求職面試的評量，決定他們接下來的一輩子要怎麼走。這一點都不合理。

還有別忘了，執行功能發展完全的平均時間雖然是二十五歲，但有些人二十歲就已經發展完全，有些人卻是過了二十五歲、甚至超過三十歲才堪稱發展完全。以我個人為例，我是到了將近三十歲才終於擺脫了後青春期。如果你跟我一樣，青少年時很稚氣、不怎麼負責任，那麼你可能也會比較晚才眞正成熟。今日的為人父母者，你是否擔心你十多歲的孩子缺乏專注力和紀律，不好好做事，又不太負責任？歡迎見識二十一世紀的人類。

心理學界目前正在爭論年輕人是否為執行功能尚未啓動的成人。確實是有十八歲的數學奇才和西洋棋高手，也有十八到二十五歲的傑出運動員、英勇士兵、演員、歌手和企業家，但他們的成功通常不是基於執行功能與決策擬定。租車公司對此心知肚明，因此他們才向二十五歲以下的客人超收高額的費用。多數人是在二十五到三十歲前才有良好的執行功能，這吻合前額葉皮質成熟的時間。很多人甚至到了三十歲出頭才具備完整的執行功能。

相較於前額葉皮質的晚熟，如今，我們的社會很早就讓孩子接受種種測驗，試圖發掘他們的能力，且這種狂熱更勝以往。想進高中校隊的學生可不敢等高中再說，如果你想進高中美式足球、棒球、籃球或是足球校隊，應該要早早就參加球隊；如果你想主攻網球、游泳或體操等個人項目，則需要在私人教練、健身房、暑期訓練和各種比賽砸下重金。

學業也是一樣。如果希望孩子就讀大學名校，可不會等到高中才開始規畫。進名校需要頂尖成績、超高的SAT測驗分數、領導能力、社區服務和出色事蹟，從七或八年級就開始計畫一點都不嫌早，因此全美數百萬家長在家教和SAT預備課程上才會每年花費總計將近十億美元。

現在有兩個趨勢：一個是年輕人比較晚才發展成熟，一個是學子比較早就接受測驗，兩者顯然背道而馳。一小部分人能在二十五歲之前發光發熱；多數人則表現平平，並在這場由教育家和焦慮的父母所設定的高壓競賽中傷痕累累。當我們在父母和其他大人無比重視的競賽中落敗，有些人甚至會選擇完全放棄。然而社會始終執迷於爲青少年做各種測驗、追蹤和排名，想評定他們未來的潛能——儘管他們要到二十五歲或更晚，認知功能才會發展成熟。

我們學成畢業、經濟獨立、結婚生子的年齡愈來愈晚。自一九七〇年代末開始進行的一項大規模國家研究發現，今天二十五歲的年輕人，與他們父母親那個時代同年齡的人相比，還留在學校的比例多了一倍，還伸手向父母拿錢的機率增加了五十%，已婚的比例卻只有一半。

爲什麼一大堆二十多歲的年輕人，要花這麼多的時間才能長大？這問題隨處可見，父母親擔心自己的孩子像「賴家王老五」，變成啃老一族。

傳統那套如今已不再適用。愈來愈多年輕人不成家也不立業，窩回學校成了他們的最佳選項。很多年輕人或是四處旅行，或是不願意定下來，或是拚命爭取沒有薪水的實習工作，或是辛苦地打零工，或是不肯踏入成年世界。一九七〇年代末期，也就是戰後嬰兒潮世代成年之際，女性初次結婚的平均年齡是二十一歲，男性則是二十三歲；到了二〇〇九年，女性初次結婚的平均年齡增加爲二十六歲，男性則增加爲二十八歲。由於大腦持續發展至二十多歲甚至是三十歲出頭，所謂的成年通常比先前要來得更晚。

這代表著二十多歲是探索的年紀，充滿各種可能。在這段期間，人們接受高等教育，邂逅未來伴侶，結交終生摯友，踏上職業之路。他們探險、旅行、投入不同關係，享有一種此生再也不會有的自由。

克拉克大學心理學教授傑佛瑞·阿奈特提出「成人初顯期」（emerging adulthood）的概念，呼籲社會把這種獨立當作人生的一個階段。在他看來，由於教育年限拉長、初階工作減少和結婚年齡上升等社會和經濟上的變遷，十八到三十歲之間需要單獨視爲一個新的階段。

阿奈特自認是個大器晚成的人，他認爲成人初顯期是自我探索的重要階段。這個年齡層的人，常將焦點放在自己身上，探索身分認同，經歷起伏不定。探索除了也是青春期的一部分，但對二十多歲的人另有其重要性；這個年齡層的人可能性變少，需要替人生做長遠的規畫，所以探索的風險也比較高。

阿奈特提出一個具有爭議的見解：延長青春期其實有好處。如果你覺得這聽起來像是要慣壞年輕人，別擔心，他的意思並非如此，他只是要提倡一個「超青春期」的階段，包括持續刺激和增加挑戰，藉此讓大腦維持彈性，不斷接收新的認知刺激、面對困難問題，而非陷在重複性高的職業或實習工作。換言之，延長青春期能培養獨立思考能力、學習嶄新技能，而且增加幹勁和決心，其實對年輕人有益。

許多神經科學的研究，都支持在讀大學前後或是中間挪出個一或兩年，當作空檔年。要是讓大腦得以更有彈性地延長青春期的時間——哪怕只是一小段時間，日後在職場往往會比同儕更具有認知優勢。研究也發現，擁有高成就的人通常有更長的突觸增長期。學界明確指出：在前額葉皮質仍具有彈性時接觸新鮮刺激和困難挑戰，日後在職場更能成功。

有些組織或機構老早就清楚這一點。摩門教便鼓勵年輕教徒從大學休學，到國外傳教兩年，他們大學畢業的年紀因而是二十四歲，而非一般常見的二十二歲。從神經科學的角度來看，這些年輕的教徒是在具有更接近成人的認知能力後才謀職、結婚或繼續攻讀研究所。

以到日本傳教兩年的摩門教徒奧伯利．達斯汀爲例。他在幼稚園到高中階段都讀得很辛苦，讀寫不行，拼字也不佳。然而他在日本時，遠離了看衰他的老師和同學，表現變得亮眼。他用功記下二百段《摩門經》經文的日語，學習葡萄牙語以利教導巴西移民日語——兩年前他連自己的母語都學不好。回國後，他錄取了美國國防語言學院，如今他已經是個攻讀工程研究學位的陸軍軍官。他說：「我在日本跟別人共事時培養了不同能力，才有後來的我。」

運動品牌耐吉的創辦人菲爾・奈特在他精釆（且坦率不諱）的自傳《跑出全世界的人》中說，他當年畢業後休息了一段時間，才得到創辦運動鞋公司的靈感。奈特就讀奧勒岡大學時是田徑校隊，畢業後當了兩年兵才繼續就讀史丹佛商學院，碩士論文是探討一九四〇年代因二戰而百廢待舉的日本，如何殺出重圍，在一九六〇年代全球蓬勃興盛的體育用品市場占有一席之地。奈特說服父親資助他在史丹佛商學院畢業後環遊世界，他並保證他之後會好好定下來，找份會計的工作維生。奈特在日本驗證自己的論文，造訪運動鞋工廠，後來他決定創業，把日本鬼塚株式會社（現為亞瑟士）的運動鞋進口到美國。

十年後，奈特才創立了自己的運動鞋品牌耐吉。對他來說，經商是一條探索之路。他認爲，如果他一畢業就進入職場，也許會進某間公司當會計，像他父親那樣一輩子沮喪氣餒，感到有志難伸。

奈特的空檔年其實有兩段。第一段是他大學畢業後先入伍兩年，所以進入史丹佛商學院時是二十四歲。第二段是在二十六歲，在眞實世界驗證自己商學院論文的主張：日本的運動用品準備席捲世界。

「走出去讓自己長大」不是什麼新想法，舉凡和平工作團、傅爾布萊特計畫和「為美國而教」組織都讓一代代年輕人得以接觸世界。「從軍使人成長」也不是什麼新想法，以色列、瑞士、挪威、丹麥和新加坡等很多國家都採行徵兵制，而且不只是為了國防上的理由。在這些國家，年輕人的失業率比美國、英國、法國、德國和其他沒有徵兵的富裕國家都還要低。

◆◆◆

大衆文化迅速轉為認同空檔年的好處，連慢半拍的大學都轉變了。以作家凱爾·狄努西歐為例，他十八歲大一時讀得很辛苦，跟父母說他想要讀完下學期就休學，父親警告他：「你休學的話就再也不會回學校了。」但狄努西歐還是休學了。後來他寫道：「我的分數沒差到該休學的程度，但我很沒有讀書的動力，修課也只是在虛應故事。我對自己這麼浪費學費感到很罪惡，沒辦法再這樣度過三年。」

狄努西歐這種反應並不少見，幸好最後他的父親對他的決定仍給予祝福，只是要他自力更生。這是很嚴格的父愛（有錢的父母絕少能做到），卻是狄努西歐需要的。他到《衝浪》雜誌實習，睡在車裡，在海裡洗澡。不久，他發覺在財務困窘的雜誌社當基層人員不是他想要的未來。而他也就這樣靠一己之力在加州討生活，接著還到波多黎各的餐廳洗碗，之後帶著年齡與智慧眞心地重返大學。

狄努西歐探索人生的故事發人省思，而最新研究也支持空檔年的好處。

在學者安德魯．馬丁追蹤的三百三十八個學生中，選擇有空檔年的學生在那之前就像狄努西歐那樣，比同儕缺乏動力；但在空檔年之後，他們卻大多找到了動力。馬丁說：「他們表現得更好，職業選得好、就業狀況佳，還培養了各種人生技能……空檔年如同一種教育，養成技能，帶來深省，促成個人的發展。」

馬丁進而表示，空檔年能增加一個人的「經濟、社會和文化資本」，在職場和繼續深造上享有競爭優勢。空檔年能爲年輕人重新加滿油——前提是他們準備好承擔責任。狄努西歐的父親不肯提供贊助反而好，這使他不得不爲自己的開銷和決定負起責任，睡在車上，靠洗碗賺錢維生。

原本就很有動力的學生大概不會因爲空檔年變得更有動力，但有些人仍認爲每個人都應該要有空檔年，並提出其他好處。舉凡摩門教、和平工作團與徵兵制國家都認爲，這種職場或教育的「繞路」，能夠讓人更成熟、更負責、更完整。

研究也支持這種觀點。無論是志願役或義務役，當過兵的年輕人通常工作比較認員、飲酒量較少，犯罪率也較低。根據二〇一五年美國空檔年協會的全國性調查，受訪者中，有九十七％認為自己在空檔年後變得更成熟，九十六％認為變得更有自信，八十六％認為學到了有助職涯發展的技能，七十五％認為對他們選擇工作很有幫助。英國前外交大臣傑克．斯特勞公開提倡年輕人過空檔年，認為：「空檔年是很好的機會。年輕人能藉此開闊視野，成為更成熟、負責的公民。這種經歷能提升人格和自信，淬鍊決策能力，對我們的社會很有幫助。」

空檔年變得大為風行，連最不願改變的高等教育界都轉為欣然樂見。在美國，包括哈佛大學、耶魯大學、普林斯頓大學、塔夫茨大學、明德學院和紐約史基摩學院等，有超過一百六十所大學支持空檔年的想法。

歐巴馬總統的女兒瑪莉婭在進入哈佛之前，過了一年的空檔年，在獨立片商米拉麥克斯影業工作，相關新聞在推特掀起熱潮。

空檔年也可以很賺錢。以專精軟體產業的風險投資人馬克．米爾斯為例，他是紐約曼哈頓學院的資深研究員，兒時在加拿大溫尼伯市附近長大。他父親認為他該具備一技之長，如此萬一讀書升學這條路走得不順遂，他至少還能自食其力。於是米爾斯接受焊工的訓練。他說：「在高中之後學這種專業技術依然大有意義。在北美，技術類的職業短缺五十萬人以上，薪資待遇就這麼一直漲呀漲。如果是有經驗的技師、焊工或水電工，工作努力一點，一年要賺十萬美元並不困難。你只要花也許一萬到一萬五千美元受兩年訓，二十歲就能賺這麼多，投資報酬率很高。而且你隨時可以收手不幹，回頭上大學。」

這樣的想法，能夠給年經人一段探索外在世界與內在能力的時光，讓他們有機會迎向不一樣的挑戰。如果過於強調及早成功，許多學生和畢業生就很難慢下腳步選擇過一段空檔年，他們會擔心之後很難向研究所或企業的面試官解釋，也擔心會因此落居人後或職涯不順。不過接下來我會分享些好消息，也許有助於減少這種擔心。

◆

研究指出，年紀和經驗其實能提升神經連結和認知能力，我們隨著年紀的增長會變得更聰明、更有創意。與矽谷的迷思完全相反，年長員工也許會比年輕員工更能幹、更創新，也更擅長合作。有些人認爲，認知能力在年輕時就會達到高峰，之後每況愈下，或如諾貝爾文學獎得主索爾．貝婁在小說《洪堡的禮物》所說的「滑向墳墓的漫長下坡」，但這種想法是錯誤的。

事實上，大多數人在不同的人生階段能夠多次達到不同的認知高峰。這個別開生面的發現出自麻省總醫院的博士後研究員蘿拉．吉兒曼，以及麻省理工學院的博士後研究員約書亞．哈茨霍恩。二〇一五年，他們利用「testmybrain.org」和「gameswithwords.org」等網站，對將近五萬名網友進行了頭腦測驗，發現我們在不同年齡會達到不同的認知高峰。哈茨霍恩說：「無論你處在哪個年齡，都有某些能力在上升或下降，也有某些能力持平。大概沒有哪個年齡是大多數能力都處在高峰的，所有能力全處在高峰更是不可能。」

數據顯示，我們的各種認知能力是在不同的年齡層達到高峰。舉例來說，資訊處理速度達到高峰的時間比較早，約在十八歲或十九歲；短期記憶力則要到二十五歲左右，然後維持到三十五歲前後；評估複雜模式（如他人情緒）的能力晚得多，四、五十歲才達到高峰。

吉兒曼和哈茨霍恩以字彙測驗衡量晶體智力（crystallized intelligence），亦即後天累積的知識。結果如他們所料，晶體智力達到高峰的時間比較晚，但晚的程度卻大出他們意料之外，居然要到七十歲前後才達到高峰。

表3-1　各種認知能力達到高峰的年齡

達到高峰的年齡	認知能力
將近二十歲	認知處理速度
二十歲出頭	記名字
二十五到三十五歲	短期記憶
三十歲出頭	臉部辨識記憶
四十五到五十五歲	社會理解
六十五歲以上	言語知識

吉兒曼說，這項研究「有別以往，呈現我們在不同年齡的轉變」。而不僅他們的研究導出這種結果，還有其他也證實了人腦能夠適應不同人生階段的其他研究。

一九五〇年代初期，加州大學柏克萊分校的大學生瓦爾納．沙依展開了一項探討成人發展的研究。現年九十歲的沙依表示，當年他選擇這項研究的原因有二，一是這讓他晚上還有空在舊金山灣對岸的影印店打工，二是他的家庭醫師有在替老年人看診。無論年輕的沙依究竟爲什麼會對人腦和老化產生興趣，總之他選對了研究領域，讓他以二十一歲之齡就在老年醫學的國際研討會上發表演說。後來沙依在華盛頓大學讀研究所，開始了他投入一生的研究：「西雅圖縱貫性研究」。

「縱貫性研究」是指追蹤研究對象的整個人生。該研究想探討的是，諸如伴侶過世或重大疾病等人生變故，如何影響不同年齡的認知能力。沙依發現，有很多因子會加速認知能力的下降，但這種下降也可以減緩甚至反轉；例如接受伴侶死亡的事實、繼續受教育、保有好奇心，都能減緩下降的速度。沙依向《西雅圖時報》表示道：

怎麼生活會影響你怎麼變老……你不會一老就突然變成另一個物種。思緒敏捷和思考靈活的益處顯而易見。雖然人會變老，但如果你先前擅長解決問題或成功揮別變故，這些能力在年老之後大概不太會改變。

對於人腦的適應能力，西雅圖縱貫性研究持續有新發現。該研究現任負責人雪莉．威利斯發現，雖然航空管制員的認知處理速度和短期記憶力會隨年齡而穩定緩降，但是他們的工作表現卻能夠保持不變。這怎麼可能呢？原因在於航空管制員的兩個關鍵能力——空間推理和冷靜情緒，會在中年階段逐漸提升。美國心理學會說：

頭腦在中年不僅保有很多年輕時的能力，還能得到許多新的能力，如同重新布線，統合數十年的經驗和行爲。舉例而言，研究顯示中年的頭腦更冷靜、較不神經質，能妥善因應不同狀況。有些人的認知能力甚至在中年還會有所提升。

密西根大學神經科學家派翠西亞・瑞特—洛倫茨說：「人腦始終能保持彈性，重新組織，維持能力。」

這對所有大器晚成的人來說是個好消息。重點是，我們要樂於付出心力，必須投資在健康與學習上，保持對周遭事物的好奇。這樣一來，我們終其一生便能在許多階段達到不同腦力的高峰，連番大放異采。

認知研究發現，我們每個人都有兩種智力：**流質智力**（fluid intelligence）和**晶體智力**。流質智力不受過往知識所限，是在推理與解決新問題，辨識抽象模式，運用邏輯來歸納與演繹，這種智力在人生早年達到高峰。晶體智力則是運用技能、知識和經驗，多數成人的這種智力包括職業知識和業餘知識（如嗜好、音樂、藝術和大眾文化等），而且與流質智力不同，中年之後晶體智力仍會持續上升。

喬治亞理工學院心理學教授菲利浦・阿克曼和他的同事發現，年紀和知識密切相關，中老年人確實比年輕人更有知識。阿克曼指出，爲了彌補流質智力的下降，最佳策略是選對工作和目標，充分善用晶體智力，也就是既有知識與能力。

再以航空管制員的工作爲例。我們會認爲年輕人思緒敏捷，流質智力高，對從事這份工作有利。根據美國聯邦法律，超過三十一歲就不能接受航空管制的訓練，三十一歲已經是流質智力逐漸下降的年紀。而即如前述的西雅圖縱貫性研究所指出的，三十到五十多歲的航空管制員儘管流質智力逐漸下降，他們卻能藉由日益提升的空間推理和冷靜情緒加以彌補。美國聯邦航空總署強制要求航空管制員退休的年紀是五十六歲，也就是在空間推理等能力下降的時候。然而，諸如教學、法律、政治、寫作或顧問等依賴晶體智力和知識的工作則不然，從事這類工作的人，其能力在整個職涯多保持穩定。

當然，大多數的工作要有最佳表現，流質智力和晶體智力就需要平衡，手術開刀和財務分析就是好例子。流質智力隨著年齡下降，工作上的知識（晶體智力）則上升，抵銷流質智力的衰減，讓人在中年之後有更出色的表現。工作不同，流質智力和晶體智力的平衡就會不同。在醫學領域，肝臟移植由於涉及周邊許多細小血管，比其他器官的移植更爲複雜、棘手。一位梅奧診所的肝臟移植專家坦言道，他的手術功力在五十歲出頭達到巔峰：「肝臟移植就像打地鼠遊戲，到處都在冒血，你的動作必須要快。」雖然他的手眼協調能力（流質智力）下降，診斷能力（晶體智力）卻有所提升，而且能一直提升到七十多歲。那麼醫院該如何因應他逐年增減的能力呢？梅奧診所的解決之道是讓年長和年輕的外科手術醫師搭配，相輔相成，截長補短。

寫程式等工作更重視流質智力，這是Google和亞馬遜擁有許多年輕員工的關鍵原因。然而軟體專案與軟體商務的**管理**工作則更需要晶體智力，所以你會看到Google把最重要的雲端服務事業交由六十歲出頭的黛安．格林負責；六十五歲前後的湯瑪斯．希伯也老當益壯，帶領他最新的軟體公司C3，投入競爭激烈的人工智慧和物聯網領域。

就某方面來說，頭腦會持續形成神經連結，提升模式辨識能力，但我們年輕時儘管突觸反應迅速，卻不見得具備這能力。隨著年紀增長，我們會發展新的能力、磨利舊的能力，諸如社會意識、情緒管理、同理心、幽默感、傾聽能力、調適型智能以及風險報酬評估力等。這些能力都有助於我們實現潛能，甚至一再發光發熱。

那麼創造力呢？別開蹊徑的能力呢？答案是，我們同樣遠比原先所想的更能保有創造力。

瑞典卡羅琳學院動態演算實驗室共同負責人赫克托．澤尼爾，二〇〇八年針對三千四百位四到九十一歲受試者，探討他們隨意思考的能力。研究的構想在於，隨意思考是超脫明顯的表象，跟創意息息相關。有創造力的人看到蘋果從樹上掉下來，不只會想到蘋果成熟了，還能像牛頓一樣想像看不見的重力。

那麼澤尼爾和他的同事怎麼測出隨意思考呢？他們設計了以電腦呈現的十二次虛擬擲硬幣、十次虛擬擲骰子以及網格上的排盒子等五個簡短的「隨機物品生成」測驗，受測者必須盡量提供出乎意料的答案。研究人員發現，一如他們所預料，隨意回答（以及隱含的創造力）的高峰出現在二十五歲；但出人意料的是，隨意思考能力（以及隱含的創造力）直到六十多歲仍幾乎都沒有什麼下降。

紐約大學醫學院神經科臨床教授埃爾克諾恩．高德伯，在其二〇一八年的新書《創造力》中表示，我們的創造**產能**會隨著年齡增加。根據他的看法，左腦和右腦是由「警覺網絡」（salience network）所連結，該網絡會把右腦的新鮮感受拿出來，跟左腦儲存的影像與模式相比較，彼此衡量評估。因此，與中年人相比，小孩子雖然擁有更多新鮮的感受，但卻缺乏把新鮮感化為創新想法或創造產能的背景脈絡。

可是這個見解合乎現實嗎？人在年歲增長後還是具有創新能力嗎？在這方面，還有另一件出乎意料的事——至少令我感到很意外。那就是：儘管現今社會無比崇尚年輕，獲獎的科學家、創新者和企業家的年紀，卻多半比以前要來得大。

一個世紀以前，愛因斯坦和英國理論物理學家保羅．狄拉克，憑藉著他們在二十五歲左右的研究分別獲得諾貝爾獎。一九一五年，二十五歲的威廉·羅倫茲·布拉格憑藉他二十二歲時的研究奪得諾貝爾物理學獎（他率先以X光研究水晶的原子結構）。年輕是研究科學的一大優勢，狄拉克以詩道盡這種現象：

年齡自是發燒後的作寒，
物理學家盡皆害怕。
等到老過三十歲，
與其苟活不如死罷。

然而如今做出獲獎研究或其他創新的學者，年紀卻愈來愈大。西北大學學者班傑明·瓊斯和布魯斯·溫伯格在二〇〇八年的研究指出，諾貝爾獎得主平均是在三十九歲時提出獲獎的研究。如今二十五歲的人（跟愛因斯坦、狄拉克和布拉格歲數相當）能提出重大的科學突破，五十五歲的人也可以。瓊斯推測，這也許是因爲現在各個科學領域都更爲艱深，你就是得花更多時間、學更多東西，然後才能做研究。就神經科學來說，你既需要年輕時的流質智力，也需要年長時的晶體智力，**兩者**兼備才能做出諾貝爾獎級的研究。

美國資訊科技暨創新基金會最近的研究指出，最爲創新的年齡其實是在四十多歲末，幾乎比瓊斯和溫伯格得出的平均年齡還高出十歲。而在美國，專利申請的平均年齡是四十七歲，似乎符合這項研究的看法。

對並非從事科學研究或創新的多數人而言，更重要的問題是：我們的認知能力在達到高峰後能維持多久？最新的研究也激勵人心。根據澤尼爾的隨意思考研究，創意高峰期會延續到六十多歲，符合吉兒曼、哈茨霍恩與西雅圖縱貫性研究的結果。有些人的創意高峰期還延續到八十多歲，甚至更高歲數，下面這個驚人故事正屬一例。

智慧型手機和電動車都不能缺少一個東西：鋰離子電池。雖然你大概聽過賈伯斯和馬斯克的大名，但大概沒聽過約翰·古迪納夫。古迪納夫是出身芝加哥大學的物理學家，五十七歲時共同發明了鋰離子電池。過了幾十年，他在二〇一七年提出另一種新電池的專利申請，《紐約時報》盛讚道：「便宜輕巧，安全可靠，將爲電動車掀起革命，把燃油車踢出市場。」他申請這項專利的時候已經高齡九十四歲了！而且他不是在養老院做這項創新研究，而是在德州大學奧斯汀分校跟研究團隊攜手合作。

堪薩斯市的考夫曼基金會以「創業」爲研究主題：爲什麼我們會跨出腳步，打造自己的事業？根據他們的研究，創業的平均年齡爲四十七歲。在醫學和資訊科技等日新月異的產業，創業的平均年齡比較低，但也還是有四十歲，而非二十多歲。驚人的是，五十歲以上的創業者比二十五歲以下的創業者多出一倍。

發展心理學家與心理分析學者愛利克．艾瑞克森的研究也顯示，創業高峰多在四十多歲。他認爲，四十到六十四歲是一段特殊的年紀，此時創意和經驗兩相結合，還有想獲得人生意義的普遍人類渴望。創業就是人們在追尋他所謂的「積極生產」（generativity）的方式，他們想要做出在死後仍會繼續留傳的正面貢獻。

所有關於人腦和年老的研究都顯示，我們年歲增長後仍大有創新的能耐。然而這也表示職涯的概念有待修正。我們需要可以選擇更晚進入職場，在職涯中場時需要有更多彈性，在職涯尾聲也需要有餘裕以自身步調慢慢離場。

可惜的是，今天的職場反映的是二十世紀初的生產線思維：我們找個工作、往上升遷、責任變重、薪水變多，然後在六十歲左右斷然被迫退休或資遣；法律事務所和會計師事務所會以「**變老就淘汰**」來描述這種情形。然而比較好的方式是容許個人發展的多元步調，把職涯看作弧線。雖然我們在某些方面（突觸速度和短期記憶）衰退，在某些方面（實際模式辨識力、情商和智慧）卻有提升，而且創造力還不太會隨著年華老去而下降。

我相信，若雇主有此認知，便很有機會對職涯採取創新的觀點。我在媒體業接觸過數千位企業主管，他們異口同聲地說：招募人才並好好留住他們是第一要務。哪間公司要是沒做到、哪間公司要是在員工達到特定年齡前就資遣他們，就是沒讓員工充分發揮能力。如果你希望公司有最好的員工、他們能夠發揮最好的表現，現在就是反思「變老就淘汰」的時候了。

年長員工的問題不在自身，而在多數組織的典型職涯規畫。企業會給好員工更高的職位、權力和薪水，直到這樣做不再有意義的那天——而那天終究會到來。無論是運動員、外科醫師、程式設計師、機師或老師，我們都會在某個時候達到能力、薪水以及願意長時間工作的高峰。當一個人的效率和產能臻於高峰，再要求雇主繼續加薪並不公平，除了太花錢之外，也擋住了年輕員工的升遷之路。因此，雇主會想踢走這些員工。

然而這樣做對員工和雇主都是損失。雇主失去多年培育的出色員工，但明明他們對工作駕輕就熟，仍能做出莫大貢獻。如果他們依然表現出色且願意工作，資遣他們不啻為人力資本的浪費。

「變老就淘汰」在許多層面都不利於我們發光發熱。與其採取「變老就淘汰」的單向思維，何不把職涯看作**弧線**？

為了方便討論，讓我們假設某個產業的人是在四、五十歲達到高峰。這裡的高峰包含專業技能、團隊協調、管理技巧、溝通能力、工作產出以及長時間工作的意願，例如整週搭機四處拉業務，諸如此類。

「變老就淘汰」的傳統做法也許會說：**你到了五十五歲就滾吧，公司沒那麼多錢聘你**。然而我們可以把職涯看作弧線，承認幾乎所有員工都會在某個時候達到高峰，但連「高峰之後」的資深員工都能做出長足貢獻。所以企業何不改變做法，例如在員工達到某個年齡後便不再加薪甚至是減薪，不再調升其職銜，從「部門副總監」改為「資深顧問」等。

這種弧線職涯不包含強制退休的年齡。如果某個六十五歲或七十二歲的員工想工作、對公司能做出可貴的貢獻、所領薪資又合理，那麼讓他繼續工作又何樂而不為？（給企業執行長的建議：如果貴公司的人資或法務部門想不通這一點，就換成想得通的人吧！）

這樣做的另一個好理由是促進年齡多元。在弧線下彎處的年長員工不必再為自己辯護，能自由給出獨到的建議或提醒：「這主意很好，但我們一定得先討論你對銷售的基本預設，而且要從頭到尾討論過，以免犯下慘重的錯誤。」如果年長員工不受重視，就很難像這樣子單刀直入。公司所能犯下的糟糕決定，位居第一的是扼殺年輕員工的創意，其次就是讓他們得不到資深員工的協助，盲目犯下明明能避免的錯誤。

◆◆◆

我們每個人都該有機會以自己的步調發光發熱。在此我要再說一次：我認為現在是容許個人發展其多元步調，不過度強調標準化測驗，讓每個人把潛能發揮得淋漓盡致的時刻。

我們需要給自己一點空檔，我們需要體認到天生我材必有用，人各不同，有相異的能力、背景和發展，循不同道路走向成功。然而如今我們反其道而行，大幅偏袒早慧的年少英才，要求腦部還在發展的學子和年輕人「證明」自己——考取對的學校、修對的科目、做對的工作。至於另有專才的人，路可難走了。

那我們其他人該怎麼辦？如果我們在身體、認知或情緒上發展得比較慢，沒有及早成功，到底該怎麼辦？請開心點，如下一章將要說的，我們自有獨特的優勢。

第四章
等待是值得的：大器晚成者的六大優勢

「醜地方」是我們大學部的圖書館，我朋友週一到週四都會去那裡。醜地方由一九六〇年代的鋼筋和玻璃建成，一如其名，外觀不太好看，比較像是州辦公室而非圖書館，但那裡卻是史丹佛學生夜復一夜的讀書去處。而我們與其說是去看架上的書，不如說是為了逃離宿舍和室友、淫聲和八卦、草坪上的飲酒狂歡以及休息室裡吃剩的餅乾，以能安靜和專注地讀書。在史丹佛，我們每天晚上幾乎都會到醜地方讀四到六個小時的書。

我的室友鮑伯每天晚上要不是在排球隊練球，要不就是都在醜地方讀書。他有一套習慣，先是把幾罐百事可樂跟課本、筆記本、原子筆和黃色螢光筆一起放進背包，帶進個人閱讀間一坐就是好幾個小時，期間以糖分和咖啡因做燃料，全神貫注，猛讀幾十頁心理學、經濟學和法學課本，天塌下來也不管，膀胱脹大到不行他也毫不理會。如果需要寫報告，鮑伯會在黃格筆記紙上一口氣寫下四十頁的內容，然後衝去廁所解放，返回我們寢室喝一罐百事可樂，再把報告打出來。

鮑伯大三時獲選進入優秀大學生聯誼會，之後就帶著這套讀書方法和他聰明的腦袋進入史丹佛法學院，以近乎第一名的成績畢業，成爲相當成功的公司證券律師。

我試過鮑伯的讀書方法，表面上看起來有模有樣：我買了跟他類似的背包，把課本、閱讀資料、原子筆、筆記本和黃色螢光筆放在裡面。有時候他跟我在晚餐後會一起走去醜地方，邊走邊聊運動和女人，然後他到自己最愛的讀書間全力以赴，我則找別間設法向他看齊。

然而我其實是畫虎不成反類犬。鮑伯能捧著書和百事可樂一連坐上好幾個小時，讀得聚精會神，我則連十五分鐘都坐不住。我盡量認眞在一小時——又或許是半小時——中努力閱讀日本各縣的概況或是工業時代對英國小說的影響，但卻是心有餘而力不足。

然後我遲早會離開讀書間，走向雜誌櫃，一連好幾個小時閱讀過期的《運動畫刊》。當年《運動畫刊》有很多在談田徑或其他奧運項目的文章，我聚精會神讀著麥迪遜廣場花園裡的室內撐竿跳比賽報導、聖摩里茲的四人雪橇賽，連冰壺運動看起來都很酷，我一頁一頁把這些全讀進腦中。

不用說，在醜地方夜讀雜誌對我的成績一點幫助都沒有，我對日本各縣還是一知半解。後來我還是設法取得了政治科學的學位：我只修滿最低的畢業學分，在校平均成績只有三．一，除了電影美學拿了A減，其他每科都拿B。但其實我的成績單上原本會出現很多C的。在史丹佛，最晚可以在期末考前兩週退選，所以如果自己知道該科成績會在C以下，你自然會乾脆退選，於是奇爛無比的成績就不會出現在成績單上。

鮑伯一路拿A，進了史丹佛法學院；我一路拿B，在《跑者世界》擔任編輯助理（沒多久就辭職），還當過警衛和洗碗工。我顯然虛擲了在醜地方看雜誌的時間，平白浪費了大好機會。這些都沒錯吧？

現在把時間往後撥個幾年，我的前額葉皮質和執行功能終於發展成熟，就算時間較晚，但我起碼是個還行的成人了。我在帕羅奧圖某間研究機構找到寫技術文件的工作，還替矽谷某家廣告公司撰寫文案，結了婚，買了房，擁有一輛福斯新車，有麥金塔電腦，有雷射印表機，走在自己的人生路上，過得還不算差。

我朋友東尼的抱負更大，他的雄心壯志遠勝於我。他在矽谷銀行做信貸員，對於升遷緩慢感到很苦惱。他一心想當上銀行副總裁，然後成為成功的風險投資家或大企業家，名利雙收。他真的是很迫不及待，多次跟我說他想當個矽谷的**玩家**。某天，他看到我用麥金塔替多位矽谷客戶做電子報，便問我是否有可能用麥金塔設計雜誌，用Quark XPress之類的排版設計軟體搭配Adobe的部分字體，再用雷射印表機印出來。我回答：當然有可能。

「我們來做一份矽谷的商業雜誌吧。」東尼說，「大家會不得不對我們刮目相看。」他是認眞的。東尼請我設計了一些樣品，拿給他的兒時好友德瑞卜看。德瑞卜是個年輕的風險投資人，給了東尼六萬美元當作資本，而這夠他辭掉矽谷銀行的工作了。一年後，我們發行了矽谷第一份商業雜誌《上風》（*Upside*）。

東尼負責籌錢和賣廣告，我則是負責編輯和設計，第一要務是決定《上風》的樣貌。我直覺認爲商業雜誌需要爆點，要熱血沸騰、大膽冒險，抓住新創事業、風險投資、投資銀行和股票上市激烈競爭的本質，也就是對名利的你爭我奪。但是某天我卻茅塞頓開，覺得商業雜誌應該要更像是《運動畫刊》那樣的運動雜誌。

若干年前，在醜地方的雜誌櫃，我讀了從一九五四年創刊號開始的每一期《運動畫刊》，之後也始終是忠實讀者。我一讀再讀，對喬治．普林普頓、丹．詹金斯、安妮塔．凡索斯和法蘭克．德福的好文筆，出色的字型和標題都有深刻的印象。我也喜歡雜誌中好看的照片和圖示，尤其是阿諾德．羅斯和隆納．希爾勒的漫畫插圖；漫畫比照片更能表現出高爾夫球選手在想推桿入洞贏得大賽時，是如何緊張得渾身大汗。我喜歡漫畫插圖，覺得漫畫能夠解決《上風》的一大問題。商業雜誌不如運動雜誌有趣的一大原因在於，商場上的動作不是發生在體育館，面對加油吆喝的觀衆，由攝影機團團圍繞，在球迷面前決定比賽輸贏，留下報導與畫面傳諸後世。商場上的關鍵時刻看起來是什麼樣子呢？是某筆巨大交易的敲定或破局？還是某個關鍵職員懷著絕佳點子邁出大門，創辦新公司，跟舊東家打對台？

漫畫是展現這種時刻的最佳方式，於是我決定《上風》看起來要像《運動畫刊》。當然雜誌裡不會有球賽的照片，但是包括呈現商場故事的漫畫等其他元素一應俱全。我完全知道自己要什麼，因爲多年前我在醜地方的雜誌櫃裡曾花時間再三閱讀。

事實證明我的直覺很正確。出刊第一年，娃娃臉的昇陽電腦執行長登上雜誌封面，畫得像是米開朗基羅那尊肌理無比細膩的大衛像。我做了一篇甲骨文公司的深入調查報導，創辦人勞倫斯．艾利森有如成吉思汗，和衆將軍運籌帷幄，腳邊堆滿砍掉的人頭。我讓蘋果執行長約翰．史考利變成坐在沙坑裡的小公子（Little Lord Fauntleroy），把他弄得灰頭土臉。《上風》問世短短兩年就成爲科技界和風投圈的矚目焦點。微軟的比爾．蓋茲接受我四小時的訪問，《富比士》還打算買下我們的雜誌社；只是後來富比士媒體集團總裁決定雇用我，從而展開了我後續美好的職業生涯。

我當年在醜地方閱讀雜誌根本沒有白費時間。也許我的成績是毀了沒錯，但那卻造就了我的職涯。

◆

到目前為止，我都著重在談論大器晚成的人所面臨的問題，而那主要是學校和企業日趨看重及早成功，將大器晚成貶低為事後諸葛或某種缺陷。這種偏見可能對大器晚成的人造成一輩子的陰影。當許多人小時候只因為沒考好幾個狹隘的測驗就自認技不如人，社會整體都會反受其害。現在，讓我們來檢視大器晚成的人所具有的優勢。

首先是**好奇心**。所有健康的小孩都具有好奇心，但社會崇尚及早成功的輸送帶對此無動於衷，只希望小朋友趕快長大，把好奇心替換成專注的決心。社會不希望我們從輸送帶跳下來，浪費時間東闖西逛——例如窩在圖書館的雜誌櫃，害成績從A掉到B。輸送帶是要我們別把課外時間花在休閒娛樂，而是花在有助於申請學校或工作的活動。

大器晚成的人比較有好奇心嗎？研究無法告訴我們答案，但根據實際觀察，他們似乎保有更多童年的好奇心，就如同他們也保有更多具有孩子氣的特質。孩子氣的特質不利於及早取得成功，於是當輸送帶加快速度，成爲主要的篩選機制，好奇心便成爲學校和企業眼中的缺點。我們被耳提面命要轉身離開雜誌櫃、返回讀書間，壓下孩子氣的好奇心，好好認眞做點正經事。

然而，我們二十多歲時會發生一件有趣的事。那時頭腦的前額葉皮質發展完全（參見第三章），執行功能趨於完善，衝動反應減少，我們變得更加留意長遠的後果。簡言之，大約二十五歲時——有的人早些，有的人晚些——我們眞正變成大人，準備面對成人的責任。

這時，誰比較有辦法成功快樂、健康滿足？是輸送帶上學會壓抑兒時好奇心的年少早成者？還是終於能憑著執行功能替兒時好奇心指引方向的大器晚成者？

二〇一七年，《財星》「最令人嚮往的百大企業榜」曾訪問過多位執行長，請他們描繪最想要的員工具有什麼樣的特質。生物科技公司 Genentech 執行長比爾．安德森便看重「好奇心、對這個領域的熱忱，還有想幹一番大事業的渴望與拚勁」；財務軟體公司 Intuit 執行長布拉德．史密斯說：「要認同我們的企業價值，把失敗當作學習的機會，而且情商和好奇心比智商更重要。」企業顧問麥克．菲多斯和珍妮．吉哈德說好奇心是「備遭忽略的企業創新關鍵」。在《企業》雜誌上，全球行銷顧問唐．派柏斯甚至說道：

我們應該把好奇心視爲一種道德責任。缺乏好奇心不僅是一種智識上的怠惰，還是故意蔑視事實。倘若你不想知道事實，又能說自己多有道德呢？

然而由於好奇心也是種反叛的行動，因此就需要道德勇氣。

沒有好奇心，就沒有創新；沒有創新，你的公司也許已經關門大吉。好奇心是認爲現有的解釋不當，尋求更好的一番說法。就其本質而言，好奇心反映了心靈的獨立。

好奇心對創新至關重要，值得花一整章大書特書，甚至寫成整本專著來探討。然而好奇心對我們還有其他助益，例如帶來動力。倫敦的科學期刊《立方》（*Cube*）便寫道：「好奇心是一個認知程序，帶來充滿動力的行爲。好奇心與動力彼此回饋，我們對一個事物愈感到好奇，愈是有動力；愈是有動力，則學得愈多、愈發好奇。」還說好奇心能讓多巴胺激增。

然而好奇心和服用或注射藥物不同，它可以一直促進多巴胺的分泌，而且年齡愈大愈有助益。根據美國國家衛生研究院的研究，好奇心對健康有長遠的幫助，「對維護年長者的認知功能和身心健康影響甚鉅」。

孩子氣的好奇心原來如此可貴，是讓我們成功以及持續成功的關鍵。現在回到我先前的提問：是當個年少早成的人，捨棄好奇心，選擇專注，二十五歲後卻發現他們（及雇主和其他所有人）但願自己沒那麼刻苦用功？還是當個大器晚成的人，起先備遭忽略，但持守孩子氣的好奇心，後來卻很慶幸自己擁有這種強大的優勢？

◆

第二個優勢是**同情心**。這指的是能設身處地了解他人的難處，知道該如何伸出援手。同情心包括寬宥艱難的感受。同理心是對別人感同身受，同情心則是超越同理心，要實際幫助他人一臂之力（LinkedIn執行長傑夫·韋納做過類似的區分）。同理心是感同身受，身同此痛；同情心則是採取行動。同情心對公共和個人生活無疑至關重要，尤其在醫護、教育和司法等領域。

然而這個優勢太常因爲我們亟欲成功而遭到犧牲。爲了取得更多的分數或財富，我們簡直殺紅了眼，許多人忽略了仁慈和同情心的重要。從一九九〇年代至今，大學生愈來愈不關心他人的福祉，關心的程度降至三十年來的最低點。輸送帶想通往及早成功，卻爲同情心帶來危機。

許多大器晚成的人，在面對人生起伏時，會更有同情心。他們更懂得反思深省，較不會以自我爲中心，對他人的難處更夠將心比心，展現出心理學家所說的利社會行爲（prosocial behavior）。這些利社會行爲讓我們對矛盾、缺憾與負面人性有更深的理解，許多人因而變得更寬恕、更體諒、更有惻隱之心。大器晚成的人走過「更多風景的道路」，經歷人生的苦難與折磨，更懂得將心比心，推己及人，也願意助他人一臂之力。同情心對他們身邊的人有益，對他們自己也有益。

有學者把這種從人生經歷獲得的進化稱爲「自我中心的減少」；《EQ》的作者丹尼爾·高曼則稱此爲「有更寬廣的眼界」。無論是什麼樣的定義，同情心都使我們更了解在面前互動的對方與一起共事的同事，甚至更了解我們所領導的下屬。

這聽起來是一種利他的行爲，但其實施比受更有福，對付出的人也有很大的好處。丹尼爾·布朗在二〇一三年出版的《船上的男孩》中，講述參加一九三六年奧運的美國八人划船隊的故事：那些年輕人身處經濟大蕭條的年代，來自並無傳統划船名隊的華盛頓大學，由一位很不傳統的教練所帶領（這本書類似一九八一年的電影《火戰車》，該片描述一名劍橋大學的田徑選手自行聘請專業教練，違反一九二〇年代業餘體壇的不成文規定）。布朗為這本書取材研究時，發現其中一位槳手喬·蘭恩茲的家境極為清寒，因為家裡沒東西給他吃，蘭恩茲十二歲就被踢出家門，自食其力。這個故事是蘭恩茲還在世的姊妹告訴布朗的。儘管已經相隔了七十年，她仍講得老淚縱橫，訴說當年是如何心如刀割，眼睜睜看蘭恩茲只帶著一個布袋就走出家門。

蘭恩茲的故事成為《船上的男孩》裡的一條伏流。這個小夥子是怎麼存活下來的？心裡有什麼傷疤？船員必須彼此信任、齊心協力、同舟共濟，他是如何重新學著相信別人，成為划船隊的一員？

布朗在快六十歲時才著手寫《船上的男孩》，六十二歲付梓出版。這本書雄踞《紐約時報》暢銷書排行榜足足兩年。布朗說：「我三、四十歲時沒法寫出這本書。那時動筆只會寫出一本完全不同的書，缺乏層次和深度。」後來他對少年蘭恩茲的苦難感同身受，才寫得出如此扣人心弦的情感深度。

有些人會誤以為同情心代表軟弱無力或多愁善感，對布朗這種以重現人類經驗為生的作家或藝術家確實有益，但在刀光劍影的商場可沒半點幫助。但事實上，同情心是件困難的事，需要勇氣。展現眞正的同情心往往需要做出困難的決定與面對艱苦的現實。

無論在商場、部隊或政界，許多最頂尖的領袖都走過崎嶇的道路，因而懷抱深深的同情心。北卡羅萊納大學學者許慕爾．梅瓦尼發現，下屬往往覺得有同情心的主管顯得更加堅強、更爲認眞投入，也更讓人願意追隨。

如果管理風格結合了同情心、眞誠和正直，員工會更願意留在公司，也會表現得更好，這直接有助於提升企業的獲利。根據一份二〇一二年的研究，富有同情心的管理能減少二十七%的病假，以及四十六%的殘疾撫卹金。另一個研究團隊在檢視過許多個案研究後則發現：「寬宏仁慈與開闊務實的執行長表現亮眼，他們在十年裡平均創造了七百五十八%的報酬率，而標準普爾五百企業平均只有一百二十八%。」密西根大學教授金．卡麥隆解釋，懂得同情的主管能夠「使財務表現、顧客滿意度和生產力等組織效能大幅提高」。

同情心能帶來非常實際的報酬。大器晚成的一個益處是我們長年經歷嘗試與犯錯，再重整旗鼓，因此更有同情心，也更會批判性思考。我們變得宏觀，能做出好的決策，成爲更敏銳的藝術家、更出色的領導者，以及更明智的企業主。這個特質值得珍惜，組織、企業和人資部門都應當要重視。《你快樂，所以你成功》的作者艾瑪．賽佩拉說：「同情心對獲利有益，對關係有益，能激發長久的忠誠。此外，同情心還能大幅提升健康。」

◆◆◆◆◆

麥可．馬杜斯八歲時遭遇了窮人家常見的困境。他兒時住在明尼亞波里斯，母親在兩家餐廳當服務生掙錢，外婆負責照顧他，祖孫三人住在磚造舊公寓的二樓。這樣就夠艱辛了，但馬杜斯說：「接下來的事情更糟。我外婆過世了，家裡變得空空洞洞。之後我繼父住了進來，又多了個酗酒的問題。」

馬杜斯的母親開始成天喝酒，一連數週都癱在床上，叫她弟弟帶食物和更多酒來。繼父也成天坐在廚房裡灌酒，茫然望著窗外。馬杜斯說：「酒精讓我失去了母親。那時我開始流落街頭，惹禍上身。」他十幾歲時結黨搶劫店家和偷車，不到十八歲就被逮捕多達二十四次。

相較之下，瑞克．安克爾十幾歲時就過得很不錯。安克爾高三時是聖露西亞高中棒球隊的明星投手，十一勝一敗，自責分率爲〇．四七，平均每局只被擊中二．二球，或者說平均每九局能三振二十位打者，簡直不可思議。一九九七年，他獲《今日美國報》選爲年度最佳高中球員。在他畢業之際，聖路易紅雀隊便以二百五十萬美元簽下他。他在小聯盟立刻造成轟動，在一九九九年獲選爲小聯盟最佳球員，二十歲進入大聯盟，成爲聖路易紅雀隊的明星投手，二〇〇〇年帶領球隊在國家聯盟中區奪得分區第一，在年度最佳新秀票選得到第二名。

接下來安克爾的棒球生涯開始分崩離析。摧毀這個耀眼新星的不是受傷、生病或吸毒，而是一個最神祕的症狀。突然間，他就是無法照自己所想的把球投出去。

事情始於二〇〇〇年的季後賽。總教練托尼．拉．魯薩指派安克爾出戰跟亞特蘭大勇士隊的第一場比賽。安克爾前兩局投得很好，但第三局投出四次保送和五次暴投，成爲從一八九〇年以來首位在同一局投出五次暴投的大聯盟投手。休季期間，隊醫替他檢查，並無發現異狀。二〇〇一年開季，他重新背負起衆人的希望，但希望旋即破滅，他繼續失分與暴投。他被降到小聯盟後更是深陷泥淖，才四又三分之一局就投出十七次保送和十二次暴投。紅雀隊把他踢到新手聯盟，也就是美國職棒最底下的聯盟。他淪爲體育頻道和體育廣播節目的笑柄。

珍娜生於南河鎮的藍領家庭，是家中第一個上大學的人。她從藝術系畢業後旋即結婚，生下兩個孩子，成爲全職的家庭主婦。三十多歲時，她決定寫本具有美國精神的小說。她前後寫了三份書稿，但都不受出版社青睞，讓她氣餒又沮喪。朋友建議她寫言情小說，但是她的前兩份書稿依舊乏人問津。之後她找了份打字員的臨時工作，七個月後卻得知有家出版社願意出二千美元買她的第二本言情小說。她取了個筆名叫史黛菲·霍爾，覺得聽起來比較像是言情小說作家的名字。接著珍娜寫了十一本言情小說，開始小有名氣。

就在她嶄露頭角之際，卻開始對言情小說感到厭煩。她不想再寫風花雪月的做愛場景，想改寫驚悚小說。儘管出版社不同意，但是四十多歲的珍娜接下來十八個月完全推掉言情小說的寫作，專心研究驚悚小說的寫法。

有個台灣年輕人大學聯考落榜兩次，讓身爲大學教授的父親失望透頂。這個年輕人對藝術很感興趣，服完兵役後前往美國，在伊利諾大學香檳分校攻讀戲劇和電影。他原本想當個演員，但搞不定英文發音，於是把注意力轉到執導，看見一線希望。

畢業後，他進入紐約大學蒂施藝術學院就讀，憑著《蔭涼湖畔》和《分界線》兩部短片獲獎，執導天分開始得到認可。接著威廉·莫里斯經紀公司簽下了他，這個新手導演看起來前途一片光明。接著……沒了。好萊塢似乎對這個來自台灣的傢伙沒什麼興趣，而且這個時候他也已經三十六歲了，在家帶孩子，潦倒不得志，由擔任分子生物學研究員的太太賺錢維持家計。

現在來聽聽好消息。這些看似悽慘的失敗故事都有個快樂的結局。馬杜斯當年是明尼亞波里斯的小混混，如今是明尼蘇達大學醫院的胸腔外科主任；安克爾在小聯盟如同笑柄般浮沉多年，但快三十歲時卻東山再起，在紅雀隊轉任外野手和打擊強棒。珍娜·伊凡諾維奇在那十八個月學會怎麼寫驚悚小說，以史蒂芬妮·帕盧這個角色寫出一系列暢銷大作，成為美國史上最成功的驚悚小說女作家。生於台灣的李安終於在三十六歲得到機會，成為名滿天下的大導演，作品包括《喜宴》《臥虎藏龍》《綠巨人浩克》和《斷背山》等。

大器晚成的人往往具有的第三個優勢是**韌性**。根據《今日心理學》雜誌的定義：「韌性是一種難以言說的特質，有些人儘管被人生擊倒，卻能夠變得更加頑強，捲土重來。」加州大學聖地牙哥分校臨床心理學教授莫頓·謝維茲補充說明道，韌性不是一種被動的特質，而是「對逆境持續採取因應的行動」。

大器晚成的人更有韌性嗎？他們確實更熟悉逆境，而且年歲增長後，會更有克服逆境的竅門和想法，以往前邁進。華頓商學院管理學與心理學教授亞當．格蘭特認爲，在發展韌性方面，成熟的人更能管理情緒，因此比年紀較輕的人具有優勢：「韌性在某部分仰賴一組能自然學得的行爲。我們年齡愈是增加，愈是受到這類行爲所吸引。」

重構困境是另一個能夠隨著年齡的增長而逐漸學到的關鍵策略。哈佛研究指出，有些學生能將困境當成自己成長的機會，因而比忽視困境的學生表現得更好，生理壓力也比較小。

年紀輕輕就取得成功的人，在這個富裕的社會中享有諸多優勢，但他們的一大劣勢是：他們會更加認爲成功是自己的功勞。這點不難理解。青少年和年輕人往往以自我爲中心，這是從以父母親爲中心的童年邁向獨立成熟的成年人時所必經的過程。然而當年少得志的人遇到挫折，問題就出現了：他們不是無比責怪自己，深陷在自我譴責中；就是怨天尤人。大器晚成的人則往往比較謹愼，他們能看出自己該爲挫折負哪些責任，而非一味責備自己，也不會怪東怪西。史丹佛大學心理學教授卡蘿．杜維克告訴我，跟二〇〇八年時的大一新生相比，二〇一八年的新生比較「玻璃心」。這些新生都年少得志，眼裡也常幾乎只看到自己，缺乏韌性，一點挫折就可能讓他們自認爲是天才的海市蜃樓分崩離析。

大器晚成的人也有更多的支持網絡。青少年時常藉由同儕來界定自己，進而相互比較。少年得志的人萬一在比較時敗下陣來，可能會感到難以忍受，也許在小圈圈裡永遠抬不起頭，也很難向外面的專家尋求面對困境的方法；大器晚成的人則因為已經碰過許多挫敗，有其他的支持網絡，因此具有前者尚未培養出來的因應方式。

◆

在直衝天際的SAT高分、加拉巴哥群島的暑期研究計畫、麻省理工學院和普林斯頓大學的錄取信、高盛的實習機會等通往英雄出少年的輸送帶上，看不到像譚美．喬．博內爾這樣的人。

譚美成長於新墨西哥州圖拉羅薩鎮外的牧場，離一九四五年七月三位一體核試爆的地點只有約八十公里遠。住著二千九百人的圖拉羅薩鎮常颳大風，最高的人工建築是一座九公尺高的開心果雕塑。譚美在鎮上讀完高中，然後就讀堪薩斯州的中美拿撒勒大學。這所大學很小，二〇一八年《美國新聞與世界報導》雜誌將其列為美國中西部第七十五名的地區型大學。從該校畢業之後，譚美繼續就讀位於希拉國家森林保護區南端，堪稱是窮鄉僻壤的西新墨西哥州大學研究所；在最新一期《美國新聞與世界報導》所列出的前一百四十一所西部地區型大學的排名中，西新墨西哥州大學榜上無名。

譚美起先想走向外面的世界，卻遭遇了一連串的失敗。她在就讀中美拿撒勒大學時申請加入空軍，卻未獲錄取。就讀西新墨西哥州大學時，她改爲申請海軍，結果錄取盧彭薩科拉海軍航空基地的預備軍官學校。她在訓練中發掘了自己的天賦和熱忱，開始嶄露頭角。

記者兼作家湯姆．沃爾夫在他一九七九年描繪戰機飛官和水星計畫太空人的非虛構小說《眞材實料》中，細述爲了到達軍事飛行的巔峰，技能與緊繃需要如「金字形神塔」（ziggurat）般提升，以及當上戰機飛官的困難。譚美就具備這種技巧、膽識與意志，最終成爲第一批F/A-18大黃蜂戰鬥機的女飛官。一九九一年波灣戰爭時，由於女性不准駕駛戰鬥機作戰，所以她只能在訓練中扮演敵軍，和男飛官進行模擬空戰。

現在你也許猜到她是先前聲名大噪的譚美．舒茲（冠夫姓）了。二〇一八年，她駕駛的西南航空七三七民航客機，左引擎在高空中爆炸，把機艙窗戶炸出了破洞，一名乘客生命垂危。飛機在不到五分鐘內從海拔三萬一千英尺驟降至一萬英尺，乘客紛紛尖叫嘔吐。最後她安全駕駛班機著陸，全球媒體高聲喝采，大讚她的冷靜與「鋼鐵般的膽識」，還有媒體把她跟薩利機長相提並論。曾任飛官的薩利後來也轉任民航機機長，在二〇〇九年的飛行途中遭遇鳥襲，導致兩具引擎失靈，但他成功把客機降落在哈德遜河上，所有人員生還。

舒茲冷靜解決危機時是五十六歲，薩利則是五十八歲。他們的故事反映出大器晚成者的另一個優勢。我所能想到最好的詞是**沉著**。沉著是「內心的平靜與鎮定，尤其是處於艱難的狀況下，情緒平穩無波」。沉著是什麼樣的優勢？這眞的是會隨著年齡提升的特質嗎？

頭腦確實會因年齡的增加而尋求平靜。哥倫比亞大學社會心理學家海蒂．格蘭特．海佛森認爲，冷靜是快樂的關鍵。在她看來，當我們年歲增長後，「快樂不再是那麼純然的激動，像是青少年在父母出遠門時開派對那樣，而是變得平靜與放鬆，就像是工作過度的婦女，整天夢想著要泡熱水澡。後者並沒有比前者不『快樂』，只是理解快樂的方式不同」。

加州大學洛杉磯分校以及史丹佛大學的心理學家凱西．莫吉納、賽班達．卡法和珍妮佛．艾克指出，興奮和得意會讓年輕人感到快樂，平和與放鬆則會讓較年長的人感到快樂。

研究早就指出，冷靜的領導者比較具有成效。加州大學柏克萊分校神經科學博士後研究員伊莉莎白．柯比，以下圖呈現表現與情緒的關係，說明當表現達到高峰後，若情緒太強烈，表現就會迅速下降。

暢銷書《EQ致勝》的作者崔維斯．布萊德貝利指出，我們在冷靜時比較有辦法解決問題，也比較能好好傾聽；前海豹部隊隊員布蘭特．格列森說，在壓力之下，我們會受冷靜的領導者吸引。這並不令人意外。沉著等同於內心的平靜、鎮定與情緒的平穩，表現出內心的平衡，對任何領導者、飛官、海豹部隊隊員和處於極度高壓下的人都是優勢，而這是大器晚成的人自然會發展出來的特質。

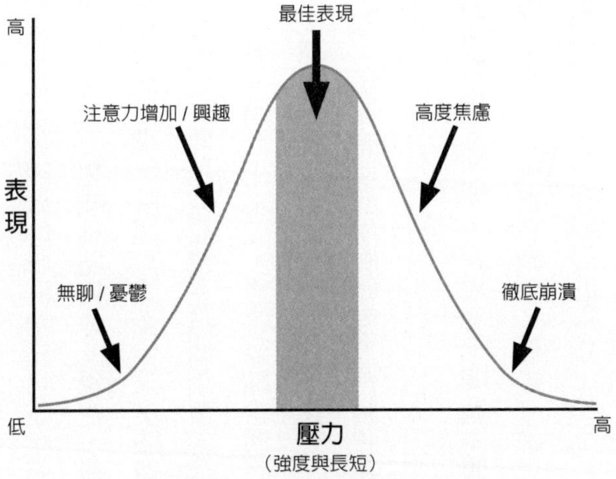

圖4-1　表現與情緒關係圖

在約定俗成的標準下，以下這位三十六歲的美式足球教練做的職涯選擇可說是愚蠢無比。前一年，他是奧克蘭突擊者隊的跑衛教練，而他一心想成為總教練。現在，他終於得其所願——但他的球隊不是在NFL，而是在一個半職業聯盟。許多半職業聯盟的球員是高中球星，早早攀上巔峰，卻在大學裡不上不下，於是只能待在這個聯盟。這位教練待的是聖荷西阿帕契隊，隊中多數球員一場比賽只領五十美元，靠著兼職當體育老師、保險業務員、工地工人或酒保貼補家用。這支球隊是在二年制大學的場地比賽，對戰沙加緬度海盜隊和維多利亞鋼鐵人隊之類的小隊，所在的西海岸聯盟飄著舊護膝和失意者的氣味。

聖荷西阿帕契隊是在聖荷西一塊凹凸不平的運動場上練球，旁邊是一間高中體育館。某天練完球後，這位教練在散步經過體育館時，聽見了喊聲和哨聲。他走了進去，看到高中籃球隊在練全場緊迫盯人。他稍微起了點興趣，於是在場邊的看台上坐下。

全場緊迫盯人的意思是防守方緊盯著進攻方，不讓他們把球帶過中線。首先從揮手干擾敵方把球傳進場內開始；如果球成功傳進場內，防守方就得試著絆住敵方，不讓球運過中線。全場緊迫盯人在身心上都非常累人，通常只在比賽快結束卻落後時才會實行，希望逼迫對手發生失誤。

這招有時能利用對手的驚慌而發揮效用，但如果對手已經有了準備，通常能靠掩護製造空檔。這位教練在看台上看得津津有味，感到既新鮮又熟悉。突然間他靈光一閃：如果把全場緊迫盯人改造爲**美式足球**版的戰術呢？

比爾．華許就這麼開始構思出職業美式足球界五十年來最大的戰術革新，也就是所謂的西岸式進攻：採取高百分比的短傳，把球員分散在場上。在這次場邊觀球的十五年後，華許靠著這套戰術率領舊金山四九人隊贏得超級盃，陣中瘦瘦高高的四分衛是最初在籃球場上展現體育長才的喬．蒙塔納。

大器晚成的華許也許是史上所有職業運動教練中最好的例子。他的一大優勢，同時也是大器晚成的人特別會擁有的優勢，正是**洞見**。

什麼是洞見？依照常見的用法，洞見是突然想通了什麼，那天在高中體育館的華許就是如此。不過洞見不只是新穎的見解或是天才的靈光一現，而是頭腦中儲存著的大量經驗、模式和情境，化爲價值連城的想法。我們請七十二歲的紐約大學醫學院神經科臨床教授高德伯，爲我們說明得更清楚些。

在《創造力》一書中，高德伯破除了創造力來自右腦（推理則在左腦）的普遍認知。他指出，實際情況更加錯綜複雜。右腦在兒時發展成熟，左腦則跟前額葉皮質一起發展，有些學者估計是在二十五歲左右發展完全，而高德伯的經驗卻是在「三十歲出頭到三十五歲」。右腦進行視覺辨識和處理新想法，左腦則儲藏記憶、模式和語言。此外，左腦也能「生成」，從既有模式想像出新的想法，創造出高德伯所謂的「對未來的記憶」。語言本身就能生成，例如雖然腦海中並沒有某個故事的記憶，小說家卻能靠字母、文字和文法結構創造出故事。

儘管左腦能靠既有記憶和模式生成新的想法，卻得由右腦來理解。那麼大腦是如何處理新的想法，並決定加以重視？經過右腦處理後又會如何？高德伯指出，有一個「警覺網絡」在協調左腦和右腦，能協助左腦重視特定的新想法。

高德伯的意思很清楚。隨著我們年紀增加，大腦更能敏銳判斷哪些新的想法確實管用。警覺網絡溝通左右腦，經過其中儲存的記憶與模式的輔助，知道哪些新想法是重要的。從另外的角度來說，兒童、青少年和年輕人也許有更多新的想法，但是判斷這些想法是否有用的能力還不完全。讓六歲小孩自己逛迪士尼樂園你就會明白這點了。父母親則會看地圖，計算怎麼走最有效率，判斷哪些設施和園區最讓孩子感興趣。

當年我窩在醜地方讀《運動畫刊》，對我是弊大於利，我沒有研讀課業，成績跟著遭殃。十多年後，我才從當年「浪費」的美好時光裡得出可貴的洞見。為什麼花了那麼久的時間？在那些年，我學到跟矽谷相關的事、創業的舉步維艱、風險投資、股票發行之道，也學到商業雜誌的訣竅。老實說，我覺得商業雜誌大多都很無聊。

我的洞見是設計一本讀起來像運動雜誌的商業雜誌。由於我的腦中不僅儲存著後來讀到的商業雜誌，也儲存著多年前讀《運動畫刊》的記憶，所以我才冒出了這個洞見。我像是小說家，運用左腦的生成能力，創造「未來的記憶」：一本讀起來像《運動畫刊》的商業雜誌。

洞見是大器晚成者的優勢嗎？莫札特和祖克柏等早慧的英才確實能有寶貴的洞見，但當左腦發展成熟，新的想法往往更能轉化為有用的洞見。換言之，我們年齡愈大，愈能得到有用的洞見。因此，我認為洞見是大器晚成的人另一個根本的優勢。

◆

綜觀各個時代和文化，**智慧**被視為人類成就的頂點。從古代以來，這觀念就見諸哲學書籍和宗教經文。事實上，「哲學」的希臘文就是指「愛智慧」。在古印度和古中國，印度教、佛教和道家都在探討智慧的概念，強調情緒的平衡。然而我們至今還在問：到底什麼是智慧？對此我還想加問一句：**大器晚成的人如何獲得智慧？**

雖然人類著迷於智慧，智慧卻直到五十年前才成爲實證研究的主題。加州奧林達的老年神經心理學家維維安．克萊頓，在一九七〇年代還是研究生時就開始研究從古至今的文獻，設法定義並量化智慧。她認爲智慧是通常考量到現實狀況的深思行爲；後來她把出於知識與同情心的行爲也納入這個概念。她早期的研究奠下根基，成爲後續研究的基礎。

到了一九八〇年代，其他心理學家也開始探討智慧及其在生活中的應用。許多心理學家推測，我們從生活經驗得到智慧，所以智慧關乎年齡。一九八〇年代，德國心理學家保羅．貝堤斯和同爲心理學家的烏蘇拉．施陶丁格合作，提出「柏林智慧研究計畫」，率先探討智慧的本質。施陶丁格現爲哥倫比亞高齡化研究中心主任，她說那個研究計畫源自「對智慧這個人類發展頂點的好奇」，並把智慧定義爲「應對生活實際根本層面的老練知識系統」。

近期的學術研究，呼應了埃森哲北美公司執行長朱莉．史威特在二〇一八年對我說的：「出色的主管知道如何應對灰色地帶。」在我看來，這是對智慧絕佳的定義。

各種研究顯示，智慧並非與生俱來，也無法一蹴可幾。不是SAT測驗拿高分或是大學名校畢業就會有智慧。如現代社會這般汲汲營營，在銀行有八位數美元的存款，或是在Instagram被一百萬個網友追蹤，都不會讓你擁有智慧。

反之，智慧來自我們在面對人生的難題之後，所淬鍊出的複雜人格和經驗特質。智慧來自多年的起起伏伏，來自一生面對新挑戰所結合的知識、經驗和直覺。如同作家丹尼爾．布朗所說，智慧是能看見我們年輕時不易看見的生命層次，。

智慧隨著年齡和經驗而**增加**。雖然純粹的認知速度也許會下降，但施陶丁格說：「依據知識和經驗的推理與認知能力不會下降。」這也許是對智慧絕佳的定義：依據知識和經驗的推理與認知能力。

過去幾年的研究指出，中年人遠比年輕人更擅長許多人際互動，例如判斷對方真正的意圖，還有調控情緒反應等。智慧在四十到五十歲之間攀上高峰，然後長久維持高點直至生命的末尾。這種由經驗而來的能耐有許多益處，包括做出更好的決定、更著重正向、更擅長應對、更沉著冷靜、更迅速準確地解讀各種模式。

腦中儲存的資料愈多，理應愈容易偵測出熟悉的模式。一般認為年紀和創造力呈反比，但其實很多年長的人都能迅速辨別模式，區分輕重緩急，很快得到合理的解方。高德伯說，「認知模板」（cognitive templates）在年長者的腦中依模式辨認而發展，促成有智慧的行爲和決策。

高德伯在《大腦的悖論》一書中談到，隨著年齡的增長，他開始擅長一種「認知魔術」：「我腦中出現過去所沒有的有趣變化。我遇到乍看很棘手的問題，卻常像變魔術般，直接跳過艱辛的思考，好像根本沒必要苦惱一樣，解決之道自然而然就冒了出來。我似乎有辦法瞬間想出洞見，簡直輕而易舉。這難道就是所謂的……智慧？」

北卡羅萊納州立大學心理學教授湯瑪斯．漢斯做了很多關於「社會技能」（social expertise）的研究。根據我們如何理解社會中的事件，我們的社會技能在中年達到高峰，更能準確解讀事情；中年人也遠比年輕人更能判斷別人的個性與解讀不同的情勢。我們的頭腦長年建立連結，能重組近似的模式，做出合適的判讀。麻省理工學院神經科學家約翰．加布里埃利認爲，「大腦辨別模式的能力委實驚人，尤其我們中年時雖然某些方面略有衰減」，但建立連結的能力卻「大幅提升」。

隨著年齡增長，我們會蒐集並儲存資料，這是得花較長時間才能想起事情的原因之一。我們就是有更多事情要記。年長者的腦中儲藏了大量的資料，遠比年輕人要多，所以提取記憶自然得花更多時間。此外，年長者腦中儲藏的資料更爲精細。一項研究指出，雖然年輕人在認知處理速度的測驗上表現出色，但年長者展現出「對細微差異的敏銳」。

基於我們社會崇尚神童文化、讚許年少得志者的優越認知能力，現在我們不妨改問：大器晚成的人優勢從何而來？研究顯示，特定智慧的神經迴路也許發展自長年的經驗。加州大學聖地牙哥分校老年研究院主任狄利浦．傑斯特，數十年來探討認知老化和智慧發展，他認爲前額葉皮質也許屬於跟智慧相關的腦區網絡。

爲了探究智慧和相關神經的連結，傑斯特和他的同事先大量檢視和智慧及其定義相關的現有文獻，接著蒐集學者專家眼中的「智慧」特質，找出智慧的六個要素，例如對人生的實用知識、情緒控制的能力、對自身強項與弱項的掌握，以及利社會行爲（包含同情心、同理心和利他主義）等。接下來，他們以腦部成像、遺傳學、神經化學和神經病理學，檢視個別要素的相關研究。

結果他們發現了令人信服的證據。傑斯特說：「根據所有〔腦部成像〕研究，我們認爲腦中有智慧的神經迴路。」這迴路涉及前額葉皮質（控制高階腦部功能）、前扣帶迴（協調前額葉皮質不同部分的衝突），以及紋狀體與杏仁核（獎勵迴路的一部分）。

傑斯特說，智慧來自這些腦區活動的平衡：「某方面來說，智慧是平衡。如果非常傾向利社會行為，所有東西都給別人，你可活不下去。不過當然囉，如果你什麼東西都不跟別人分享，人類這物種也無法存續。你必須要有平衡。」

為什麼智慧會隨著年齡增長？人老化時，大腦的活動會改變。現在想一下「半腦老化不對稱假說」：某半邊的前額葉皮質在年輕時較不活躍，但隨著年齡增加開始變得活躍，這使得前額葉皮質整體活躍了起來。年輕人從事某些活動時只有一邊的腦半球是活躍的，年長者則傾向於使用左右兩個腦半球，這稱為雙偏向（bilateralization），表現愈好的人愈可能是雙偏向的。此外，在中年時，活躍的腦部會由原本的枕葉（負責處理感覺），轉移到前額葉皮質（負責高階腦部功能，如評估概率、管理情緒和設定目標）。研究人員把這些改變稱為「大腦整合」（brain integration）。

加州大學洛杉磯分校神經科學家喬治·波特克科斯熱中於研究智慧，他認為大腦整合在中年會自然發生，增進我們的專業技能、判斷力和智慧。當我們年紀增加，灰質會減少，白質會增加。灰質組成基本的認知網絡，白質則把各網絡連結在一起，所以雖然灰質很重要，但也許白質才會眞正替我們帶來優勢。包括波特克科斯在內的許多學者都認為，諸如語言等複雜技能是取決於白質的多寡。白質由髓鞘質組成，而髓鞘質含有大量脂肪，在數兆個神經纖維周圍形成保護層，如同電纜外的隔絕物質，讓腦神經更有效地傳遞訊號。

波特克科斯認爲髓鞘質會在中年時增加。他掃描了七十名十九到七十六歲受試者的腦部，發覺額葉和顳葉的髓鞘質到了中年仍在持續增生。依照他的說法，髓鞘質讓大腦「增加頻寬」：「我現在五十歲，確實發覺我如今是以開闊得多的眼光在看事情，更容易看到全貌。這是中年大腦驚人的成熟。這是智慧。」

我們早就推測年齡、神經發展和智慧彼此相關，但現在才藉著科學加以驗證。這是租車公司不太願意把車子租給未滿二十五歲的人的原因之一，也是美國憲法規定年滿三十五歲才能參選總統的原因之一。早在兩個世紀之前，美國開國元勳就明白，大腦老一點會更有智慧。

最後再提供一個好消息：智慧的發展跟社會崇尙的及早成功無關。佛羅里達大學教授莫妮卡·阿德特原先假設，如果剛成年時的成熟度愈高，年長後會愈有智慧；然而她的縱貫性研究卻證明並非如此：年少就成熟或成功與否，都跟日後的成熟與智慧無關。智慧不是與生俱來的，而是後天淬鍊而成。

儘管如今的神童文化崇尚及早成功，看似對大器晚成的人設下了不必要的障礙，但其實他們自有很好的優勢，能追尋成功、實現自我。這些優勢包括好奇心、同情心、韌性、沉著、洞見和智慧，全由時間淬鍊而成。

大器晚成的人必然是走在與眾不同的艱辛道路，經歷重重阻礙、產生自我質疑、被逼著合群與從眾，還面對著種種逼迫的壓力。但正如接下來將說明的，我們從阻礙中覓得隱藏的珍寶，發掘獨特的自我，發現人人都能走向卓越，施展自己眞正的潛能。在重重阻礙中，藏著我們眞正的力量，藏著我們內蘊的天分，藏著大器晚成者祕密的優勢。

我們會發現這些優勢——只是需要點耐心。

第五章
創造你自己的健康文化

執迷於年少得志、對成功的定義日益狹隘，這個現象根植於二十世紀初期的科學管理與智力測驗（參見第二章）。但現代社會的狂熱，則主要誕生於個人電腦掀起熱潮的一九八〇年代，比爾・蓋茲和賈伯斯二十多歲就英雄出少年，橫空出世，轉眼致富。

賈伯斯看起來就像是個光芒萬丈的救世主，但蓋茲卻是很邊緣的書呆子。蓋茲成長於西雅圖的富裕社區，家中頗有人脈。他就讀於全美知名的私校湖濱中學，SAT數學測驗成績得到八百分滿分（寫作測驗則是七百九十分），在校成績頂尖。他喜歡在無數個夜晚和週末到湖的對岸，窩在華盛頓大學的電腦實驗室，編寫蒐集交通數據的程式，或是駭進湖濱中學的成績系統。他幾乎注定要錄取哈佛大學。他年輕時唯一的反叛之舉，就是大三從哈佛休學，並在一九七五年與夥伴攜手創立微軟，在短短二十年間就成為全球首富。

賈伯斯帶給世界各種神奇的產品，蓋茲則留給我們一張指南：**如果你想年紀輕輕就功成名就，那就在ＳＡＴ測驗考出高分，在學校取得絕佳成績，並把某個課外的嗜好練到頂尖**。今天這個極度菁英領導的演算法文化，其實就是蓋茲文化。若說賈伯斯一心想改變世界，蓋茲則確實成功改變了社會對成功的看法，並成爲年輕人的楷模。如果我們想讓自己和孩子功成名就，蓋茲就是絕佳的示範。

塑造了當代精神的不是賈伯斯，也不是哪位政治人物或文化偶像，而是比爾·蓋茲。當今社會執迷於盡早取得可以衡量的成就，這是我們文化很重要的一部分。因此，讓我們檢視這個文化，探討爲什麼我們要臣服於此，而我們對於大器晚成的觀感又是如何受到影響。

◆◆◆

文化，包括家庭、同儕和社會所給的影響，能把我們高高舉起，也能把我們重重打倒；能替我們的努力拍手叫好，也能讓我們動彈不得，而通常我們全得概括承受。文化也會傳遞社會的期望，我們自己也許沒有意識到，但是想法和行爲卻不知不覺受到影響，甚至長達數十載。這些期望或是以口頭說出，或是不言而喻，時常藉由潛移默化的方式，影響我們對自己的看法，以及對未來的想像。

正因如此，文化對大器晚成的人有很大的影響。如果覺得自己還沒找到天命，也還沒充分發揮潛能，那麼請務必檢視文化對你的影響，看看到底是什麼拖住了你的腳步。我已經指出了一個兇手，也就是社會對及早成功的執迷。現在我們再來檢視文化的其他影響，看看到底是什麼造就了現在與未來的我們。

文化的影響始於家庭。再好的家庭都會向孩子灌輸某些既有益也有害的常規。蜚聲國際的行爲藝術家艾瑞克．瓦爾就是個絕佳的例子。瓦爾說，家庭和文化的價値觀逼著他要儘早取得成功，但最終卻適得其反，害他陷入災難。

我是在崇尚菁英與成就的系統裡長大，收到的訊息是：考高分，考**超級**高分，進頂尖大學，做頂尖工作，賺一大筆錢，成爲舉足輕重的大人物。

我剛畢業就進入一家娛樂公司，負責安排娛樂活動或是演講。如果某個商展想請瑪麗亞．凱莉或是海灘男孩，就由我負責跟經紀公司洽談。一年內，我當上了公司的合夥人，年紀輕輕，意氣風發，職業生涯可說是一帆風順。

然後情況卻急轉直下。企業開始不再請藝人到商展助陣。不過才短短幾週，我就變得一無所有……我失去了拚命掙得的一切，也失去了身分與頭銜。我三十歲，拿不出任何成績。

我感到很屈辱、很丟臉，覺得自己很沒用，不想在外拋頭露面，也不知道我這輩子還能做什麼，只是縮在浴室一角猛掉眼淚。

但我還是得面對現實。既然我原本的信念體系失靈了，我就得另尋出路。從小到大，家人和社會都跟我說強者愈挫愈勇……但這套對我不管用了。而且我還很憤怒。我對這個商業世界、對沒有預測到會發生這種局面的股票分析師，以及跟錢有關的一切周遭事物都憤怒不已。我原先這麼相信財富，財富卻徹底令我失望。

之後，我跟很多遭遇過打擊的人聊過。我是在金錢方面遇到挫折，有些人是在婚姻，有些人則是在健康。他們受到重大打擊，因此尋找能夠麻痺痛苦的方法。我原本可能會採用這堆不健康的方法來逃離痛苦。

我懂了。我懂爲什麼痛苦會把人壓垮，爲什麼我們想靠麻痺自我來逃避現實。那時的我很幸運，找到的出路剛好是藝術。我跑去跟搞藝術的人混在一起。

回想起來，我會遇上藝術是因爲藝術跟商業相反。藝術家、哲學家和自由自在的思想家不會一心只想著物質和俗世，我就是想去跟他們混在一起。那段期間，我變得很喜歡他們的觀點，很著迷於他們的天分，也發覺那才是我應該要走的路。

起初，跟習畫多年的他們相比我的水準很差。不過我很快就學會筆觸、濃淡、諧調與美感的竅門，整個世界彷彿在我面前敞開，我第一次重新看見了種種事物。

先前我為了能夠多賺點錢，對很多事物都視而不見，但現在我的眼睛突然睜開了。我看見了美、夕陽、花朵、色彩和光影，凡此種種第一次在我眼前綻放，真正讓我看見。

瓦爾受到從小到大的文化影響，崇尚要盡早功成名就。但這是一種壓力，逼著他順從主流觀點，遠離自身天賦，最終險些誤入歧途。當事業土崩瓦解，他不得不重新檢視自己的價值觀，雖然備感打擊，也終於撥雲見日。驚奇的是，跟過去的從商和投資相比，如今從事藝術活動的他反而賺得更多。

如果我們還沒充分發揮潛能，或者感覺自己走錯了路，自然會想問為什麼。這很自然，卻也很困難。誰想以批判的目光檢視社會規範，探討是什麼害我們無法好好展現本事？誰想認為自己的父母、朋友或師長也許正是害我們無法振翅高飛的罪魁禍首？然而文化是形塑想法、能力與命運的關鍵，我們豈能不探討？接下來，就讓我們檢視到底是哪些期望絆住了我們的腳步。重點會擺在包括家庭、團體和社會等文化，是如何左右了我們個人的道路。

◆

我們首先遇到的是家庭文化。雖然有少數人不幸生在破碎的家庭，過著窮困或遭受冷落的日子，甚至被家暴，但多數人的家庭沒有那麼極端，大多不好也不壞，有支持、有照顧，但也養成某些缺點，例如輕微的偏見、無理的思考、有害的價值觀，以及重蹈父母的過錯。

我的父母都擁有大學學歷，但也有嚴重的盲點。我的母親擅於同理，卻不擅於論理。雖然她是高中畢業典禮時的學生致詞代表，還有個教微積分的父親，卻著迷於怪力亂神的事。當她聽到蹄聲時，想到的不是馬，而偏偏是斑馬。父親高中時是個體育健將，之後成爲一名體育老師和教練，在高中擔任體育組長，是我們這個州的高中體壇王者。但他對商業一無所知，看到鎮上的有錢人就感覺自己矮了一截，在醫師、律師、油商、跑車業務員和鄉村俱樂部會員身旁就會局促不安。後來我才懂得這些，才知道雖然我們是個和樂的好家庭，但無論是母親的胡思亂想，還是父親的身分焦慮，其實都是一種無知。當年我之所以很晚才取得成功，部分原因正是由於我不知道某些事情——在這種家庭也沒有理由會知道。我們很多人就是處在像這樣的知識鴻溝下長大的。

爲了要振翅高飛，我們務必要從家中獨立。這不是說得要轉身拒絕父母親的愛，完全抗拒他們的期望；而是自己要清楚，什麼有助於我們振翅，什麼則有礙於我們高飛。忠於家庭是一回事，盲目遵從家人的期望又是另外一回事，後者反而可能害我們無法充分發揮潛能。只是要從家中獨立並非一件易事。

最早教我們社會規範的就是家庭，其中父母扮演了關鍵的角色。他們教我們外在的世事與做人處事的道理、協助我們建立對自己與家庭的認同、左右我們的喜好與認知，甚至影響我們對大學選系、求職、交友與擇偶的決定。有些家庭鼓勵孩子走上各式各樣的人生道路，有些家庭則反其道而行。

《回到未來》和《阿甘正傳》等片的導演勞勃・辛密克斯生於勞工家庭，在芝加哥南區長大。他十二歲跟爸媽說長大後想拍電影時，只不過是個孩子在訴說他對未來的夢想，但他的爸媽聽到卻板起臉來。辛密克斯說：「對我的家人、朋友和我出生長大的那個世界來說，拍電影根本就是做夢。我爸媽會坐在那裡說：『你也不看看你生在什麼人家？你才沒辦法當導演呢！』」

我們小的時候會觀察家人的價值觀和期望，並加以內化。心理學家、社會學家和社會科學家所謂的「社會化」會把周遭想法與價值觀灌輸給我們，大幅影響我們對自己身分的形塑。從童年到成年，我們一再測試自己的社會化行為，在不知不覺中言行舉止漸漸變得跟家人相類似。

家人對我們的影響正反面都有。他們為我們畫下第一道往往是有益的界線：「別跟抽菸喝酒的傢伙混在一起。」但界線也可能變成局限：「如果你從商，絕對既辛苦又失敗。」「你爸當年一直想讀醫學院，可惜家裡窮。我們含辛茹苦，就是為了讓你能讀醫學院啊。」

我們逐漸長大，從由家庭而來的社會化，轉為尋求被更大的團體所接受與認同。亞里斯多德是第一個定義「團體」（古希臘文為*polis*，又可指群體、社區等）的人，意指由具有共同價值觀的人所組成的群體。

團體可以是社交圈、黨派、階層、種族或部落；可以帶有強烈的地域認同，如美國東北部人或美國南方人；可以是社區、小鎮或大城裡一群志同道合的夥伴；可以是具有獨特次文化的族群；可以是國中同學、公司同事或編織社的成員；可以是特定商品的愛好者，例如哈雷摩托車同好會或漫畫同好會；可以是大學美式足球隊、死之華搖滾樂團的粉絲團或歐普拉讀書俱樂部；可以是某部老影集的愛好者，如《星艦迷航記》《魔法奇兵》或《超時空奇俠》的影迷；可以是立場傾向於特定政黨的電視台的觀眾，如福斯新聞台的保守派觀眾和MSNBC新聞台的自由派觀眾。

團體影響了我們嗎？當然。團體影響我們的成就、健康、收入、行爲和福祉。人人都想要有歸屬感。我們全都受到朋友、同事和所屬團體的成員所影響，無論是參加排球隊、讀書會、教會或射擊同好會皆然。

對融入家庭以外的大團體的嚮往始於青少年時期。無論我們生於何時何地，多半都會記得十幾歲時的同儕壓力，例如得穿某個牌子的球鞋、聽某種音樂等。這個時期，同儕和他們的觀感遠比家長更能影響我們的想法和行爲。父母對此都心知肚明，並感到憂心忡忡。青少年常常想在同儕面前表現，於是灌酒、吸毒或飆車，危險行爲樣樣來。

然而青春期過去後，同儕壓力並沒有隨之結束。我們成年後仍然受到同儕的影響，身邊聚集的也往往是類似的同伴。如果多數朋友就讀研究所，我們可能也考慮去讀，以免格格不入；如果認識的多數人都買房生子，在職場力爭上游，我們也會有樣學樣。這樣彼此有熟悉的生活、有共同的話題與經驗，人際關係才能維持下去。

事實上，成人跟兒童和青少年同樣深受同儕壓力影響。每次團體要我們做什麼事、穿什麼衣服，同儕壓力就來了。當你跟著穿上那件難看的衣服，聽到不懂（或難笑）的笑話卻哈哈大笑，就是在傳達你想成爲其中一分子。像這類的同儕壓力有些是健康、正向的，例如參加登山社或戒菸會；但有些卻不太正面，沒有讓我們成爲更好的自己。

凡斯在《絕望者之歌》寫道，鏽帶地區和阿帕拉契山區的某些群體失能、停擺，無從協助個人邁向成功：「在彌德頓，人人成天說要努力工作，（但）你到一些鎮上看看，三成的年輕人每週工作不到二十小時，頹靡懶散而不自知。」在這種窮困的鄉間、內城或郊區，除非你能斬斷自身與周圍的關係才有可能成功，而這並不容易。

有無數的研究、書籍和報告指出，兒童貧困跟許多健康、表現與行爲指標有高度的關聯性。在健康方面，與一般小孩相比，窮人家小孩的低出生體重率高一．七倍，鉛中毒率高三．五倍，夭折率高一．七倍，短期住院率高兩倍。在表現方面，窮人家小孩的留級或輟學率高兩倍，學習障礙率高一．四倍。社會與經濟地位較低的家庭，其孩童更容易有情緒與行爲問題，更常遭到虐待或忽視，也更容易成爲暴力犯罪的受害者。

我們很容易就會認爲，窮人所面臨的困境只是因爲缺乏經濟資源，尤其今日的貧富差距已來到一九二〇年代以來的新高，情勢自然分外嚴峻。然而問題其實更加錯綜複雜。凡斯指出，貧窮社區的問題也是出在文化。少數人成功往上爬後，往往會離開社區，其他人就沒有成功的楷模，往往會有毒癮或酗酒問題。企業因爲招募不到合格的員工而紛紛搬離當地，社區互信破滅，未來黯淡無光，沒有人願意長期投資或努力工作，怒火與不滿四處瀰漫，大家甚至會把乖乖從事低賤工作視爲一種背叛行爲。

即使是市區或郊區的成功社區，對居民也深有影響，而且還不見得是正面的。這類地方對居民的期望和要求很高，反而像是另一種陷阱，把孩子推向崩潰的邊緣。孩子從小到大學著要胸懷大志、勤奮不懈、辯才無礙、數理絕佳、進入頂尖名校、從事高薪的工作，卻往往難以自我探索，只是被推上輸送帶，往同一個方向送，不被鼓勵發展其他興趣或選擇不同的職業。這條輸送帶是通往成功的窄道，卻剝奪了自我發現的機會。

健康心理學家席拉．摩甘說：「由於同儕壓力，我們不願落居人後，於是過著並不眞正喜歡的生活，追尋著別人所定義的『成功』。」這種人常像本章前面提及的行爲藝術家瓦爾，乍看之下是功成名就，實則卻走錯了路，鎮日做著沒有衝勁或不合興趣的工作，難保哪天就垮掉了。

撇開貧困消沉與富裕高壓等物質層面，團體的文化常規還構成其他障礙，連多屬正面的文化亦有害處。

舉我自己所處的文化爲例。我屬於明尼蘇達州和北達科他州的斯堪地那維亞路德宗人，我們覺得展現情緒和提出問題是很奇怪的。我到加州讀大學時，覺得大家吵吵鬧鬧，自吹自擂，簡直恬不知恥。但客觀來說，灣區只是有另一套文化與表達的方式而已。回首當年，我現在才明白自己所生長的美國中西部文化崇尚淡泊沉默，優點是堅忍與勤勉，卻也有其缺點，局限了我在加州的機會，絆住了我的腳步。與北達科他州的生活相比，我在加州學到，提問題不但是稀鬆平常的事，而且相當有幫助；那不是咄咄逼人，反而有益學習。至於自我推銷，也只要做得適當就行，跟自吹自擂是兩碼子事。

如果你不知道加州文化認同哪些行爲，就很難在該州出頭。

有一點是顯而易見的：所有團體都會灌輸有礙於我們的觀念。無論是就讀貴族中學、生長於犯罪頻傳的區域或是窮鄉僻壤，我們都會受到該團體的文化影響，有遵從種種期望的壓力。

第三層文化是社會，即擁有相同地理或社會領域，隸屬於同一政府，並受主流文化期許所影響的大型社會群體。社會的定義是「最高層級的文化群體，具有範圍最廣的文化認同」。社會向我們灌輸最經久的文化、期許、道德與行爲標準，決定了我們的國家認同，傳遞了涉及政治、性別、種族、宗教、健康、性傾向、金錢觀和成功觀等，幾乎是所有層面的偏見與隱含的期望，我們再加以內化。

以美國社會爲例，其所推廣的既有較爲正面的觀念（如相信機會、公平競爭和法治），也有比較負面的（如不切實際的完美身材、執迷於及早成功，和崇尚名利）。無論我們自己是否有意識到，這些標準與期許深深地左右了我們的選擇和行爲。多數人儘管略有察覺，但仍常忽視社會文化的深遠影響。

根據尼爾森市場調查公司的資料，美國人每天花在看電視、逛網路、聽廣播、用手機APP和電子閱讀器的時間將近十一個小時。沒有錯，將近有半天的時間。這些管道告訴我們該相信什麼、該如何行爲以及要看些什麼。當然，有些人會刻意抗拒，設法走自己的路，追尋自己的興趣；但對多數人來說，社會壓力無所不在，且出奇龐大，影響我們的期望、夢想和對自我的認知，形塑我們眼中的自己。

最無遠弗屆的壓力大概來自於大眾媒體——報紙、雜誌、書籍、廣播、電玩、電影和電視。儘管社群媒體日趨興盛，引起高度的關注，但對青少年影響最大、最能左右他們各種社會發展的媒體，終究還是電視。電視不是互動型的媒介，觀眾僅能單向接收，無從反駁，也無從爭論（朝螢幕大吼大叫不算），因此電視對我們的認知發展影響甚鉅。美國高中生平均花在被動地觀看電視的時間，比坐在教室上課和跟朋友相處都還要多。連零到兩歲的嬰兒，平均每天都會看一個半小時的電視。在美國，每戶家庭平均擁有兩台電視，有超過四成的家庭擁有三台以上。

大眾媒體看起來相對無害，畢竟我們被動接收的內容是由我們自行選擇的。但其實大眾媒體能主宰我們對世界的印象，教導我們如何應對進退與形塑自己，也對我們的觀點與志向以及如何建構我們眼中的社會現實，有很大的影響。

更有甚者，大眾媒體藉由「強化既有的價值觀和心態，以及呈現規範與基準」，在推行自己的一套社會化內容。我們只要打開電視看新聞或夜間脫口秀，一下子就知道他們認為哪些價值觀是好的、哪些價值觀是壞的。現今多數人獲取資訊的方式不是來自實際經歷，而是從媒體而來。

如今媒體日益把我們推向特定群體的觀點。福斯新聞台的粉絲跟MSNBC新聞台的粉絲，以針鋒相對換取自我認同。脫口秀主持人吉米·金摩的粉絲看不起吉米·法倫的粉絲。媒體給觀衆很多機會去建立自我認同，並深深沉溺其中。此外，我們還從媒體學習團體之外的事，例如青少年常透過戲劇學習如何調情、交往、分手或說笑。媒體提供觀衆心理學家所說的「社會認同的滿足」（social identity gratifications）。

然而媒體不只教我們如何調情或說笑，也在散播文化、種族和性別偏見，有時會呈現刻板的人物或行爲，有時會過度放大或忽視少數族群。觀衆看多了會以爲那就是事實。常看電視的觀衆年深日久地耳濡目染，以爲世界就像電視演的那樣，這也就是學者所謂的「涵化」（cultivation）。

舉例來說，成天看電視的觀衆也許會認爲，十個男的就有一個在當警察，然而其實是每一百個裡面才有一個是警察。媒體大肆吹捧苗條的身材，許多女性因而以瘦爲美，認爲纖瘦才有魅力、才符合標準。研究人員尤其擔心媒體會造成種族、族群與性向的刻板印象，導致暴行的增加。不過也有研究指出，媒體能讓觀衆看見自己以外的族群，有助於減少偏見和刻板印象。在黑人民權運動風起雲湧的時代，《諜海雙龍》等黑人主演的電視影集起了推波助瀾之效。二〇〇〇年代初期，脫口秀《艾倫秀》和情境喜劇《威爾和格蕾絲》廣受觀迎，由同志擔綱主持與主演，使社會對同志的接受度大為提高。

大衆媒體在過去七十餘年間深深影響我們。如今，社群媒體冒出頭來，影響簡直無遠弗屆。社群媒體堪稱大衆的自媒體，迅速激起互相比較的新文化，男女老少爭相呈現自己最好的一面。像這類的虛假形象往往跟現實天差地別，卻充斥在我們左右，無處不在，無孔不入，使媒體主導的常規與觀點更加根深蒂固。

◆

這些和大器晚成有什麼關係呢？

大器晚成的人所面臨的問題在於：他們很可能會被大衆媒體和社群媒體的許多標準與期望所妨礙。即使自己不受影響（例如家裡沒有電視），但媒體會影響社會的許多規範，規範進而直接影響到我們。因此我們對成功的定義、對職業的選擇、對關係的想法以及對人生目標的設定，都受到媒體左右。非主流的人可能會懷疑、甚至厭惡自己，感到與旁人格格不入。二十歲沒有發生過性關係很丟臉，所以年輕的處女要對朋友隱瞞這個祕密；二十五歲的青年男女還在打零工想出路，會覺得自己很失敗；我們要是走在另類的道路上，便很容易懷疑自身的價值。今日媒體過度推崇年輕有爲，對孩子、同儕和我們自己都造成嚴重的影響。比利時的統計學家與心理學家阿道夫·凱特勒有句批評這個社會黑暗面的名言：「社會替犯罪鋪好路，罪疚的人只是加以實現罷了。」

大衆媒體展現了遙不可及的完美範本，叫我們拿自己的身材、婚姻、房子、車子、家人、性生活和所住地區互相比較。在社群媒體上，別人——那些我們認識的人！——過得多麼光鮮亮麗，而我們自己過得多麼平凡無奇，甚至是乏善可陳。戒癮團體有句很實用的建議：別拿自己的裡子跟別人的外在做比較。這個建議很好，但在社群媒體的時代，做到的人寥寥可數。

爲什麼如此困難？我們不是有自由意志嗎？以下讓我們來探究社會學家所謂的社會規範，了解爲什麼我們很難不顧外在壓力，堅持走自己的路。

◆◆◆◆◆

社會規範是社會裡的不成文規則，並沒有法律效力。社會中的種種規範可說是一切的基礎，有助於控制與維繫舉凡語言、飲食、愛、性、婚姻、偏見、物欲和人際關係等行爲；有些看似自然的舉動，例如替老人家開門或是讓位給殘障人士等，或是我們偏好的音樂、書籍或政策等個人喜好，也都受其影響。實在很難想像人類社會如果沒有規範會是什麼光景。有了規範，我們才懂得做人處事的道理，得以維繫秩序、預測人際關係，行爲才有意義。

我們理解了規範，就更能夠明白學界所說的「規範性社會影響」（normative social influence）。這種影響源自於人類想跟別人一致的普遍天性。

規範性社會影響的力量，來自於我們需要被別人接受。人類畢竟是社會性的動物，亟需歸屬感，非常渴望人際連結，所以行爲舉止和想法觀念往往會跟家人、團體和社會相似。

現在就讓我們來檢視規範性社會影響的力量到底有多大。

想像你參加一項心理學研究，和另外七位受試者圍坐在一間小實驗室的桌子旁。研究人員說明今天的實驗目的在探究視覺的判斷力。她在大家面前放了兩張卡片，左邊的卡片畫著一條線，右邊的卡片則畫著三條長度不等的線，如圖 5-1 所示。

接著她請你們各自從右邊那張卡片選出跟左邊那張卡片等長的線。其他人其實都已經跟研究人員講好了，只是照表演出，只有你不知道。

實驗反覆進行了好幾次。有時比你早選的受試者會一致選出錯誤的答案。他們的錯誤非常明顯，請問你是要從衆還是相信自己的判斷？

這個經典實驗是社會心理學家所羅門．阿希在一九五一年所設計的。如果受試者給出了錯誤的答案，很顯然是由於團體壓力所導致。阿希總共找了五十位斯沃斯莫爾學院的學生參加實驗，每位學生跟五到七名「假受試者」一起受試，每次實驗進行十八輪，假受試者在其中十二輪給出錯誤的答案。實驗結果連阿希都大吃一驚。在那十二輪故意答錯的情況中，有七十五%眞正的受試者至少從衆一次，也給出了錯誤的答案。

爲什麼他們會從衆，給出明顯錯誤的答案？在訪談時，有一小部分的受試者說，他們認爲大家給的答案是正確的；但大多數受試者卻坦言他們知道

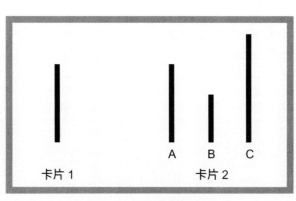

圖5-1　兩張實驗圖卡

答案是錯的，卻還是將錯就錯，以免自己被認為是個「異類」。換言之，他們是在尋求認同，避免和別人不一樣。後來許多後續研究所做出的從衆答錯率甚至更高，達到八十%之譜。

這就是規範性社會影響的力量。

學者接下來轉為探討：我們有多能察覺社會規範對自身行為的影響？平時我們也許在聽到難笑的笑話時會擠出假笑、迎合大家的錯誤答案、明明就愛吃漢堡卻要裝出一副純素飲食才是正確的樣子。在這種時刻，我們是否知道自己的反應有多少是出於外在影響，有多少是出於我們自由意志的選擇？

研究一再顯示，大多數人都不清楚自己為什麼會如此從衆。如今我們之所以更為環保，更願意節約能源和資源回收，規範性社會影響厥功至偉。鄰居把垃圾分類桶擺在戶外，於是我們就見賢思齊；旅館毛巾的重複使用率提升了將近三十%；大學生的大量飲酒比例也成功下降了。然而在這些研究中，受試者卻把規範性社會影響列為最不重要的影響因子。

經過了數十次的實驗，結果愈來愈清楚：規範性社會影響擁有很強大的說服力。然而我們對此卻始終一無所知，不予留意。多數人根本無法分辨自身行為背後眞正的原因。心理學教授羅伯特．席爾迪尼說：「規範性社會影響無遠弗屆，但令人驚訝的是，很少人在解釋自己行動的背後原因時，能察覺是規範性社會影響使然。」

這就是規範性社會影響如此有利，甚至不利於大器晚成的原因。規範性社會影響無影無形，看不見、聽不到，有時令人不願相信，實際上卻幾乎影響我們所有的行爲、選擇和意見。

社會規範大幅影響我們對自己的期望，許多人相信學習、成長、成功的道路都只有一條；而今天的成功之路就是及早取得成功。心理學家稱這種想法爲「規範性思維」。

◆◆◆◆◆

規範性思維讓我們認爲社會上多數人走的路才是正道。這當然有其好處，畢竟人世複雜無比，參考他人的做法通常比較容易。然而，雖然許多人希望人生能夠按圖索驥，但現實卻是沒有特定一條「正確」的發展道路，而且無論生理、認知、道德或職場的發展，都不只一條。因此，規範性思維對我們有害。

首先，規範性思維會使社會產生隱伏的隔閡，我們被依照收入、階級、種族、宗教、性別和教育分門別類。這些隔閡源自人類對隔絕的普遍恐懼。在各種「排外」的小圈圈裡，你得懂裡面那一套，不是屬於特定的階級，就是夠有錢，才有辦法當其中的一分子。在小圈圈裡，你得懂大家的默契、認識對的人、有共同的信念，否則就會格格不入，總感覺：**你無法融入，你不是我們的一分子**。

規範性思維的第二個壞處在於，可能會導致無止無盡的有害比較。我們拿眼中的正常標準衡量自己或孩子的進步與成功，包括學習走路、讀書、成績、測驗、畢業、大學、起薪、職業、婚姻以及房子等。我們也拿自己跟父母比，他們四十歲時在哪個位置？五十歲呢？我們還會跟兄弟姊妹、親朋好友比，甚至拿自己的小孩跟朋友的小孩比。如果我們落居下風，就擔心是不是走慢了？孩子是不是跟不上？我是魯蛇嗎？我們感到很害怕，把跟別人不一樣當成是天大的問題。

而這完全是適得其反，弄巧成拙。在人生的各個層面，總有其他好路可走，一樣能帶你通往目標、專業與成就。這在體壇和樂壇都清楚可見，搖滾樂手、鄉村音樂歌手、饒舌歌手和歌劇女伶都能在樂壇成就非凡，足球矮將和籃球高個也都可以在體壇叱吒風雲。不過在大多數領域，卻不容易條條大道都通往成功。我該怎麼初涉職場就進入Google工作？我該怎麼讓面試官相信，由於我曾經當過全職的家庭主婦，所以更能勝任主管一職？如果我還沒把錢拿來投資公寓的話，怎樣投資最好？我們感到一頭霧水，於是遵照規範，有樣學樣，跟大家走同樣的路。但是對大器晚成的人來說，這條路上早已塞滿年輕有爲的人了！等我們好不容易走到那裡，卻爲時已晚，機會早就沒了，我們又遲了一步！於是我們可能會覺得自己被邊緣化，甚至感到很羞恥。

◆◆◆◆◆

爲什麼沒有更多人反抗我們文化中的這種期望？爲什麼我們不揚棄「正常」，拋開主流，開心踏上人跡罕至的僻徑？原因在於，文化規範難以打破。

我們是社會性的動物，這是人類最大的文化特性。我們的自我認知是被社會網絡和人際關係所形塑的。從演化的角度來說，我們這個物種是人「們」。人類學家瑪格麗特·米德的傳記作者珍妮·霍華德說：「稱其爲宗族、網絡、部落或家族都可以。無論你怎麼稱呼，也無論你是誰，總之你需要它。」

埃默里大學教授格雷戈里·柏恩斯與其研究團隊，對從眾心理背後的神經科學原理做過重要的研究。他們對受試者在從眾壓力下的腦部活動很有興趣，於是以功能性磁振造影掃描受試者的腦部，以研究當他們偏離常規時的生理效應。研究發現，當受試者想擺脫多數人的影響，跟負面情緒相關的杏仁核就會變得活躍。這表示，即使多數人明顯是錯的，對抗規範性社會影響仍可能對生理造成負面的影響。換言之，從認知角度而論，我們天生就傾向遵從大家的意見，就算大家的意見錯得離譜也一樣。

我們對反對群體的人簡直恨得無以復加，稱他們是背刺、背骨、叛徒或逃兵。在當今的美國政壇，最激烈的爭鬥往往不是發生在共和黨和民主黨之間，而是發生在爭論何謂正確價值的同黨同志之間。這種正統之爭往往會催生出專制或獨裁。此外，所有文化和社會都發展出對付叛徒的手段，小至聳聳肩和翻白眼，大至貶損和攻擊，甚至判刑或殺害。極為普遍的懲罰是逐出社會——視異議為反叛，視創新為怪誕，視獨特為異常。

這是文化對個體的祕密宰制。這是由家庭、團體和社會所創造的壓倒性規範浪潮，也是由規範性社會影響、規範性思維和文化認知所形成的從眾壓力。那麼天分與步調不同的大器晚成者，又該怎麼做？好奇的人、探索的人和創新的人，又該怎麼跳脫主流文化的輸送帶，打造自己的命運？

第六章
放棄！給大器晚成者的顛覆建議

放棄。

沒錯，就是放棄。

我在前一章的結尾問道：「好奇的人、探索的人和創新的人，又該怎麼跳脫主流文化的輸送帶，打造自己的命運？」方法就是放棄。放棄現在所處的位置、放棄糟糕的工作、放棄討厭的課程、放棄弊多於利的朋友，以及放棄我們感到後悔的人生。

如同我們在前一章所見，文化與社會規範威力強大，像是尚未形諸文字的規條，我們的所思所想及言行舉止都受其影響。違反文化與社會規範並非易事，但我們必須起身力行。爲什麼？很簡單，文化與社會規範對我們並不怎麼適用。在現今這個時刻，這些不成文的規定是偏向年少有爲者的。

不妨思考一下我們的文化是怎麼看待放棄的：**放棄代表你是個草莓族，扛不住壓**

力，不夠堅忍不拔，意志也不夠堅定。放棄永遠不會贏，贏家永遠不放棄。如果你是愛放棄的人，成功永遠跟你無緣。

我們的文化成天灌輸一個概念：成功的祕訣在於堅持到底，百折不撓，克服重重困難，最重要的是永遠不要放棄。沒錯，堅持不懈確實是個優點，我們聽過無數頑強的人最終達致成功的故事。一般文章以及科學論文都說，堅韌是成功與快樂之鑰。如果我們想要成功，就得盡量認眞努力，願意犧牲、受苦，意志無比堅定。

許多著作都在稱頌決心和堅毅，例如記者查爾斯·杜希格的《爲什麼我們這樣生活，那樣工作？》、前海豹部隊隊員喬可·威林克的《自律就是自由》、凱莉·麥高尼格的《輕鬆駕馭意志力》、威廉·麥克雷文的《鋼鐵意志》，還有喬登·彼得森的暢銷作品《生存的十二條法則》。這些著作各自從不同的角度，稱頌紀律、韌性與決心。書中的論點在某些情況下絕對成立，但如今韌性與決心簡直被視爲成功的**唯**一方法。

韌性十分可貴，無庸置疑。塞繆爾·詹森寫道：「傑作不是出自本事，而是出自堅韌。」本書後面也會談到，如果運用得宜，有耐心與目標，韌性就是一大利器。不過我們認爲，目前我們對堅韌的執迷著實過頭了。

堅韌確實能帶來成功，但事情還有另外一面，有時候放棄才是正確的決定。事實上，爲了正確的理由放棄，可能會換來極大的成功。丹尼爾．布朗六十多歲才寫出暢銷多國的傑作《船上的男孩》，在他人生的早期，他不得不做出幾個艱難的決定，而這讓他身邊最重要的人大失所望。

布朗的第一個重大放棄是從高中休學。他解釋道：

我還沒滿十七歲就有焦慮的問題。我在學校恐慌症發作，一想到上學就滿心焦躁。當年，大家對焦慮症還不太了解，只告訴我要挺過去。我就這樣受苦了很多年，那時眞的很慘。然後有一天，事情發生了。那是在我高三的時候，在生物教室裡。現在我已經忘記原因了，總之那時我被焦慮的感覺壓垮了。這跟課堂無關，是跟人際關係和無法融入有關。我起身離開，走出校門，鑽進我一九六三年款的雪佛蘭羚羊汽車，一路開回家，跟我母親說我不會再回學校了。她聽了非常難過。她沒有生氣，只是非常難過。我父親回家後，我跟他說了這件事，他簡直被嚇呆了。可是我主意已定，我要掌控自己的人生。

我不知道自己要做什麼，只知道我不能再忍受下去了。感謝我的母親，她去跟學校談我的狀況，他們安排我上函授課程，每天我需要在柏克萊大學圖書館完成八小時的課，最後還是可以畢業。我的生活有了很大的改變，我每天都要去柏克萊大學，每天進圖書館。函授課程不是很難，我通常幾個小時就能搞定，但這卻讓我待在大學校園裡，改變了我的人生。我被書堆圍繞著，置身在世界級的圖書館中。

布朗這樣的決定，是一般認知下的放棄嗎？他缺乏勇氣嗎？缺乏企圖心嗎？他該堅持留在高中裡受苦受難，也許注定精神崩潰嗎？不，我倒認爲放棄是他的最佳選擇。他對別人的期望說不，包括對父母的期望說不，換得健康許多的生活。

後來他拋開父親的期望，又做了另一個帶點叛逆的放棄：

我哥哥是空軍上尉，後來讀法學院，當上法學教授。我則在聖荷西州立大學兼職教寫作，賺的錢付完房租就快沒了。然後我父親過世了。他死前一定在想：「布朗之後會有什麼成就嗎？」他不是個會這樣子衡量孩子的人。他不是的。但他確實沒看到我成家立業，這就不太幸運了。

當年我父親碰到經濟大蕭條，不得不從法學院休學。我不曉得我哥哥瑞克是不是因此而感受到壓力，但我想他知道學法律能贏得父親的認同。其實我也嘗試過這條路——讀法學院，贏取父親的認同。但那卻是我走錯的另一條路。我申請了法學院，結果只讀了三天，當初讓我離開高中的焦慮症就捲土重來，讓我發覺我來錯地方了。

我打電話給父母，告訴他們這件事。當時我二十六歲，我跟他們說我好像要讓他們失望了。雖然我上了法學院，但是「我不會讀下去。這不是我要的」。

我感覺很糟，但後來卻明白我做對了。我走上了一條路，很快（明白）不行，這條路不對，我得要另尋出路。

不過老實說，我不只是感到解脫，也感到內疚。那感覺就好像是：「哇，你又要放棄了喔……老天啊，又要放棄了，父親會怎麼想？」

沒有人會想一再地碰到點挫折就放棄。然而我們也可以不那麼在意放棄，而這也許對大器晚成的人特別有利。在這個以神童爲典範的時代，放棄是件被忽略甚至被社會文化所禁止的事。然而其實在職場、創新和生活幾乎各個層面，我們都能善用放棄。不但可以換得解脫，刻意放棄還能讓你向目標躍進一大步。

雖然我們的文化崇尚堅持，但有時堅持卻並非良策。研究指出，堅持有三個問題：第一，韌性和意志是一種有限的資源；第二，放棄反而有益健康；第三，放棄常能帶來更好的結果。

首先，第一個問題在於，硬是要一心投入連自己都不完全相信的事物，反而會讓你效率不彰。結果就是在你需要的時候，卻難以好好堅持下去。這個「自我耗損」（ego depletion）的概念，由於社會心理學家羅伊．鮑邁斯特在一九九〇年代的一系列重要實驗而爲人所熟知。一九九六年，鮑邁斯特和先前在凱斯西儲大學的同事愛倫．布拉茲夫斯基、馬克．穆拉文與黛安娜．泰斯合作，研究受試者在抗拒美食的誘惑時，意志力會受到什麼影響。

鮑邁斯特讓受試者待在一間瀰漫著現烤巧克力餅乾香味的會議室，然後他拿出眞正的餅乾和巧克力。有些人可以吃餅乾和巧克力，但是有些人卻被迫只能吃生蘿蔔，後者就是意志力和決心要面臨考驗的受試者。

結果被迫只能吃生蘿蔔的受試者很不開心。鮑邁斯特寫道，許多受試者「顯得很想吃巧克力，他們眼巴巴地直盯著看，有幾位甚至還把餅乾拿起來聞」。

當每個人都吃完自己那份之後，鮑邁斯特請他們解一個題目，以了解他們的毅力。那些不准吃巧克力的受試者能堅持解題多久呢？實驗結果十分顯著：被迫只能吃生蘿蔔的受試者比較缺乏毅力，他們只花了其他受試者一半的時間解題（其他受試者是對照組，在第一階段能吃巧克力，在第二階段才考驗他們的毅力）。很顯然，如果受試者在第一階段就需要消耗意志力來抵抗巧克力的誘惑，他們在第二階段就沒有充足的毅力能夠堅持下去。

他們的毅力用完了，他們的堅持耗盡了。

鮑邁斯特實驗的突破性發現是：意志力、決心、毅力等自制的力量是會耗損的。韌性不僅僅是一種有待熟練與發展的技能或習慣，而是和肌肉一樣，要是操勞過度，我們會感到筋疲力盡甚至崩潰。鮑邁斯特認為，我們的韌性「出奇有限」，意志力是「稀有且珍貴的資源」，自我耗損代表「人類自制能力潛在的嚴重限制」。

其實早在一九二〇年代，佛洛伊德就已經推測意志力是有限的資源了。他認為，自我（ego，由意志控制的自己）需要某種心理能量，以抵抗本我（id，本能的自己）和超我（superego，內化了文化規則的自己）。他以馬和騎士為例，來比擬三者的關係：

騎士（自我）通常能控制方向，但有時卻無法制止馬（本我和超我）走牠想走的路。鮑邁斯特的實驗驗證了這個見解：當騎士疲累，馬就握有主導權了。

◆

比爾·鮑爾曼令人驚嘆的教練生涯，正反映出人類毅力的極限。過度堅持可能會讓我們累垮，甚至生病。鮑爾曼在一九五〇到一九七〇年代在俄勒岡大學擔任田徑與越野長跑的教練，他也是運動品牌巨擘耐吉的共同創辦人。即如他的傳記所述：「鮑爾曼的執教生涯訓練出三十一位奧運選手、五十一位全美大學明星隊員、十二位全美紀錄保持人、二十二位全美田徑賽冠軍，以及十六位在四分鐘內跑完一英里的好手。」其中包括傳奇長跑選手史蒂夫·普雷方丹。

鮑爾曼憑著訓練中長距離跑者出名，這本身就是件令人驚訝的事。因爲鮑爾曼自己在大學時期是一名美式足球員和短跑選手，而非中長距離跑者。在體育界，光譜的兩端分別爲強橫猛衝的美式足球和短跑選手（快縮肌選手），以及刻苦死撐的中長距離跑者（慢縮肌選手），無論是就生理或心理層面來看，兩者可說是天差地別。鮑爾曼能訓練跟他在身心層面徹底相反的刻苦型選手，格外引人注目。

那麼，鮑爾曼是如何跨越這道鴻溝的？一九六二年，他前往紐西蘭，拜訪自學的大器晚成型教練亞瑟．萊迪亞德。當時訓練中長距離跑者的主流方式，是讓選手每天做高強度的間歇性訓練，例如拚命跑四百公尺，跑完休息兩分鐘，然後再跑四百公尺，反覆進行十或二十輪，這種訓練能迅速見效。但萊迪亞德發現，選手會在受訓的幾個月後遇到瓶頸，此時如果增加訓練的強度，有些選手確實可以更上層樓，但是大多數的選手卻會因此受傷或是生病。萊迪亞德認為，這是因為每天高強度的間歇性訓練會使乳酸堆積，導致血液的酸鹼值下降，損及身體的免疫力。選手白天練到筋疲力盡，晚上卻無法好好休息，不出問題也難。因此他針對中長距離跑者，開發了一套非正統的訓練方式。

同樣令人感到驚訝的是，萊迪亞德先前從未受過教練或科學方面的訓練，他只是實驗、觀察、記錄、量測脈搏、監控數據，並加以調整。一開始，沒有任何單位付錢給他，他只好靠著送牛奶來支持他的業餘嗜好。

然而後來萊迪亞德卻靠著他的方法獲得非凡的成果。他帶著中距離跑者彼得．史奈爾和馬拉松選手巴瑞．麥基等，進行了好幾個月的長距離有氧訓練。他們的目標是一週跑一百英里（一百六十公里），週日則要跑二十英里以上，但跑得要夠慢——慢到可以一路邊跑邊聊天。

建立了有氧訓練的基礎後，萊迪亞德讓選手交替接受不同的訓練方式，先是在山區練跑增強肌力，再以輕鬆的長跑排除山區練跑產生的乳酸，恢復健康的血液酸鹼值。即使在賽季前和賽季期間，他會以短跑和高強度的訓練來「磨利」選手，但隔天總會穿插輕鬆的慢跑。這套方法成效顯著。一九六〇年羅馬奧運，萊迪亞德訓練的田徑選手勇奪男子八百公尺與五千公尺金牌，馬拉松項目也贏得銅牌。紐西蘭在該年度人口僅有二百四十萬，卻主宰了接下來二十年的男子長跑賽事。這樣說不太正確，主宰賽事的其實是一個前牛奶送貨員：亞瑟．萊迪亞德。

鮑爾曼對萊迪亞德的成功感到很驚奇，抄了滿滿的筆記返回美國。

鮑爾曼的傳記作者肯尼．摩爾寫道：「鮑爾曼開始鼓勵俄勒岡大學的選手，訓練完應該要感到『興高采烈，而非疲憊不堪』……他會查看大家的狀態，摸他們的脖子量脈搏，觀察他們的眼神，叫緊繃又疲憊、尤其是脈搏沒有很快回到每分鐘一百二十下的選手去沖澡。他服膺的信條是：與其操過度，不如留點力。」

摩爾指出，鮑爾曼的奇特做法在教練圈不受歡迎：「他們一開始瞧不起鮑爾曼提出的那套『難易交錯法』。多數教練信奉的是：『付出愈多，收穫愈多。』但鮑爾曼卻駁斥說：『拜託，練得巧才是進步的關鍵。』雙方針鋒相對。其他人嘲笑鮑爾曼的放鬆式訓練，還說他減壓的做法是在慣壞選手。」

這裡舉鮑爾曼的例子是想說明：對於堅韌的崇尚不能過度，我們每個人在身心層面的韌性都是有限的。如果過度鼓勵堅忍不拔——尤其是在不對的地方堅持，只會讓我們把韌性耗盡。韌性若是用在迎合家人、團體或是社會的期望，意志力會被削弱，導致白天筋疲力盡，晚上卻難以成眠。如此一來，當我們要去追尋嶄新的道路與眞正的熱忱時，決心與毅力可能早已被消磨殆盡了。

◆

認爲意志力能夠像「肌肉」般鍛鍊的想法是種誤解，最壞的情況下甚至是有害的。傳統認爲我們可以靠特定的訓練或習慣加強這種肌肉，然而科學研究指出並非如此，我們就是無法把意志力放在所有地方，否則會因爲過勞而累垮。當我們被迫去做自己興致缺缺或是不符自己人生目標的事情時，動機與驅力便會因此減低。

《做自己的生命設計師》的共同作者比爾．柏內特和戴夫．埃文斯，在書中提到一位剛成爲知名法律事務所合夥人的成功女士。讓我們先看一下這個故事背後的意涵：這位女士先前在大學表現出色，每科都拿A，以最優等的成績畢業，所以才能進入前十大法學院，獲得知名法律事務所的青睞。在法學院中，她的成績必須名列前茅。進入法律事務所擔任律師後，每週必須埋首工作八十個小時以上，至少五年的時間，才有成爲合夥人的資格。這可是一連好幾年的苦工和壓力，幾乎沒日沒夜。但願她喜歡這樣的生活——只是並非如此。她咬緊牙關，翻山越嶺，終於當上了合夥人，但此時她卻心力交瘁，不但沒有爲新的職位與百萬美元年薪感到開心，反而天天哭著睡覺，身心俱疲，絕望無助，再難咬牙苦撐下去。

我們可以酌量從意志力「帳戶」中提款，但無法一提再提、提個沒完。我們需要妥善地有所取捨。

堅持的第二個問題在於，有時候放棄反而更健康。絕大多數我們渴求的東西都是可望而不可及，得也得不到。研究顯示，如果我們放棄無從實現的目標，多半會感到比較快樂、比較輕鬆，也比較不容易生病。沒錯，放棄其實對身體有益。

許多以青少年到中老年階段的研究顯示，放棄目標對身體健康大有助益。其中有三個研究發現，如果能放棄無法達到的目標，我們的荷爾蒙分泌會更爲健康，睡眠品質也會比較好。不放棄則容易憂鬱、沮喪，高度緊繃，影響我們的內分泌和免疫系統，引發氣喘等健康問題，而且容易生病。換言之，在不對的地方堅持對身體有害。

堅持的第三個問題在於，放棄經常能行得通。我很常以二十世紀晚期的英特爾及其執行長安迪．葛洛夫爲例。

我跟葛洛夫有私交。他生於匈牙利，原名爲安德拉斯．葛洛弗（Andras Grof），是個堅忍不拔的傢伙。一九五六年蘇聯以坦克鎮壓匈牙利的民主抗爭時，他鑽過鐵絲網，逃出被共產黨統治的祖國。他二十歲抵達紐約時，口袋空空，舉目無親。後來他進入當年毋須學費的紐約市立學院，以優異的成績贏得加州大學柏克萊分校的獎學金，赴西岸研讀化工。葛洛夫在加州大學很快就嶄露頭角，讓同樣畢業於該校的矽谷知名科技人高登．摩爾注意到他，給了他一份在快捷半導體的工作。

一九六八年，摩爾和同事羅伯特．諾伊斯離開快捷半導體，創辦了英特爾。年輕的葛洛夫也追隨他們的腳步，成爲英特爾的第三名員工。整個一九七〇年代，英特爾大多數營收和獲利都來自記憶體晶片。一九七一年，英特爾推出前景看好的新產品，也就是微處理器；儘管這是個劃時代的產品，但是在一九七〇年代爲英特爾賺進的錢卻微乎其微，完全比不上生財的主力記憶體晶片。

然而到了一九七〇年代末期，日本和南韓先後進入記憶體晶片的市場，跟英特爾削價競爭。一九八〇年代初期，英特爾面臨了財務危機。葛洛夫提出激進的解方：英特爾應該要放棄記憶體晶片的市場，把未來賭在微處理器上。這個提議引發了激烈的反彈，諾伊斯認爲放棄記憶體晶片的市場跟認輸沒兩樣，但葛洛夫卻非常堅持。多年後，葛洛夫回憶道：「我問摩爾，如果別人接手我們的公司，他們會怎麼處理？那個新老闆會怎麼做？摩爾回答：『那傢伙會踢開我們（笑），從記憶體晶片的市場抽身。』」而英特爾這麼做了，他們放棄每況愈下的市場，專心迎向未來。

經驗豐富的高科技創業家都會跟你說，知道什麼時候要放棄很重要。像英特爾這樣的成功企業，三天兩頭都在放棄不同的專案與業務。又如成功的企業家、億萬富豪理查·布蘭森，也放棄過許多表現不佳的事業，諸如維珍可樂、維珍數位、維珍汽車和維珍婚紗等，族繁不及備載。

在矽谷，有句話是這麼說的：「愈常失敗，就愈快成功。」爲了失敗，你得去要嘗試；然後再更努力地嘗試。若是某個時刻，你眼看前途無望，而你的時間、天分與資金都有更好的用途，那麼就去追尋下一個機會吧。當企業家因爲勇於放棄而獲致成功，我們又爲什麼要爲那些放棄本就毫無希望的事情的人，貼上「意志不堅」的標籤呢？適時放棄的將軍可是會贏得掌聲，博得戰術靈活之名呢。

◆◆◆

放棄當然並不容易，那是件困難的事。我們放棄時會感到內疚，覺得顏面無光。放棄意謂著擺脫文化的期望，忽視社會的壓力。這個社會強調矢勤矢勇，崇尚不屈不撓，結果有些人明明不喜歡目前的方向，卻繼續疲憊不堪地硬著頭皮走下去。堅持到底會迎來成功的故事很多，但是很少有故事會說適時放棄並另尋他路是一件好事。

我們執迷於及早成功，貶低放棄，一旦放棄就自認沒用，這個想法既不公平又有害於人。當社會這般壓迫個人，加深文化規範的桎梏，「放棄」便不再是自我探索的有效方法，而是如同髒話般的禁忌，甚至像泰勒主義，強調：無論如何，絕對要待在我們文化所接受的、通往成功的輸送帶上。

不僅我們的文化排斥放棄，我們也都會因爲認知上的謬誤，難以放棄糟糕的工作。有些東西食之無味，卻棄之可惜。最適合用來定義這些謬誤的經濟學概念爲：**沉沒成本**和**機會成本**。沉沒成本關乎過去，是已經花在某個計畫或人生方向的金錢、時間或精力，投入得愈多、愈久，想放棄就愈加困難。當我們對自己說「已經花了好多的時間和金錢，不能就此放棄」時，就已經犯下了沉沒成本謬誤。

第二個經濟學的概念是機會成本。與沉沒成本不同，機會成本關乎未來。根據機會成本，我們每在某個工作或方向投入一小時或一塊錢，就等於是犧牲了把這一小時或一塊錢花在其他更好的工作或方向上的機會。如果我們能夠不去在意沉沒成本，或許可以把花在某個不怎麼樣的地方的時間與精力，轉換到另一個更適合自己的地方，也許會更快樂或賺進更多錢。

問題是：成年人很難擺脫沉沒成本謬誤。我們不應該老是惦記著沉沒成本，卻一直這樣做。俄亥俄州立大學心理學教授霍爾．亞克斯與凱薩琳．布魯默的研究發現，我們非常不擅長衡量沉沒成本，多數成年人在這方面竟然還不如孩童和狗。沒錯，比狗都不如。我們就是深陷於沉沒成本謬誤。

爲什麼會這樣？兩位學者指出，這是因爲我們過度執著於成長過程中所學到的「不要浪費」這條規則。當我們放棄的時候，就感覺好像所有投入在學鋼琴、準備醫學院考試、想討父母開心而追尋某個夢想的時間與精力，全都付諸流水。他們所做的一個實驗情境就反映了這種心態：

假設你花一百美元買了去密西根滑雪的週末票。幾個星期後，你覺得在威斯康辛滑雪會比在密西根滑雪更好玩，於是又花五十美元買了在威斯康辛滑雪的週末票。當你把威斯康辛的週末票放進錢包時，卻赫然發現這兩張票的時間都是在同一個週末。現在票來不及賣給別人，也無法退票了，只能兩者擇一。你會選擇去哪裡滑雪？

你會選擇去哪裡滑雪？比較貴的地方，還是你覺得會比較好玩的地方？

有超過一半的受試者說，他們會選擇比較沒那麼好玩的地方，也就是到密西根去滑雪。爲什麼呢？因爲去密西根滑雪的週末票比較貴（沉沒成本），不去那裡的話會比較浪費。許多實驗也同樣顯示出，我們會因爲看重沉沒成本，想避免浪費，所以不願放棄行不通的路。

基於沉沒成本謬誤，即使某條路走不通，想放棄卻很痛，彷彿投入的資源白費了。我們也許花很多年攻讀博士，也許設法成爲法律事務所的合夥人，也許從事某個職業，倘若現在斷然放棄，這些年付出的時間、金錢、汗水和淚水豈非一場空。

我們之所以不易做出積極的改變，進而把人生活得更好，最大的阻礙就是沉沒成本謬誤。除此之外，還有另一個心理因素擋在我們前面。著有暢銷書《誰說人是理性的！》的心理學家暨行為經濟學家丹．艾瑞利認為，「認知失調」也是使我們不易放棄的原因。如果長時間做某件事情，我們就會過度辯護自己的行為。例如，假設我們已經從事某份工作十年之久，就算天天都感到不滿，仍然會說服自己相信：我愛這份工作。艾瑞利還認為，我們其實很喜歡為所愛的事物受苦。這種心理強烈到如果我們正為了某個事物在受苦，就反而會認為自己一定很愛這個事物！兄弟會、姊妹會、部隊和球隊都善用這種心理，讓成員艱辛受苦。透過將侮辱轉化為承諾，這些過程將我們想要有所歸屬以及為自己行動辯護的強烈欲望結合在了一起。

然而，如果我們不願放棄為了大學、工作或錯誤的道路所投下的成本，代價可能會很高昂。所有執迷不悟的分分秒秒，都是在放棄其他可貴的潛在機會。行為經濟學和心理學都告訴我們，真正的浪費不是放棄錯誤之路而犧牲過往，而是沒有謀求改變而犧牲了未來。

我們不妨把放棄稱爲戰術撤退，也可以把它想成轉向或是重生。對愛玩牌的人來說，放棄就是「知道什麼時候應該蓋牌」。知道什麼時候應該堅持很重要，但是知道什麼時候應該放棄並另覓他路也很重要。我們都曾經因爲沒有及早辭掉陷入死巷的工作或是沒有及早結束不愉快的感情，而感到後悔。當我們放棄一條行不通的路，也就釋放了寶貴的意志力與決心，以投入更好的事物。我們時間有限，注意力也有限。

放棄不必然代表軟弱或是懶惰，而是對自己誠實。放棄其實是說「不」，而「說不」常常是讓生活變得更好的最佳方式——例如向半夜寄來的郵件說不，向某個工作說不，向某座城市說不，向無從達成的目標說不。如果我們認眞思考一下，每個不凡的成功人士，都是會放棄的人。賽斯．高汀在《低谷》中提到，眞正成功的人是「很懂得放棄的人」，只要發覺現有之路無法通往終極目標，就會改變方向。壯士斷腕，方得把時間與精力挪給其他事物，確實往前邁進。高汀說，知道什麼時候要放棄走不通的路，「讓你覺得自己擁有主宰權」。

放棄有什麼陷阱嗎？有的。放棄是出於對眞實自我與才能的了解，我們當然得自行負起責任。放棄代表我們既知道自己的潛能，也知道自己的局限。對多數人來說，這種自我了解具有強大的力量。當我們發覺自己走錯了路，需要另擇他途，這時候放棄就是一種翻轉人生的力量。

這就是關鍵：放棄是一種力量。

當我們基於正確的理由做出決定，放棄就不是舉白旗投降，而是在說這個工作不適合我們。放棄就好像是走在一條發現之路上，我們嘗試某件事，發現自己不喜歡，於是另尋其他途徑。無論是放棄社團、學校、工作或嗜好，放棄是我們定義自己的方式。被迫要堅持不懈或是盲從會使人凋零，慢慢死去；放棄則是成長——活著的過程。

《蘋果橘子經濟學》的作者史蒂芬．李維特解釋道：

若要說出一個我之所以能夠在經濟學領域取得成功最重要的因素，答案就是懂得放棄。打從一開始，我的信條就是「快點失敗」。假設我有一百個點子，要是其中有二到三個點子能寫成論文就算很好運了。我身爲經濟學家的一大本事就是知道快點失敗的必要，當某個研究計畫看起來就是會失敗的樣子，我願意斷然放棄，拋諸腦後。

請記得，對多數大器晚成的人來說，放棄不見得是永遠的。有很多人曾經休學，後來又復學了。這是空檔年（參見第三章）變得熱門的原因。這種放棄是一種耐心。身體或內心告訴我們，我們還沒有準備好迎向某個挑戰或人生階段。這種耐心展現出：失敗往往是過程或階段，不是終點。放棄可以讓粗淺的喜好轉變爲眞正的熱忱——從喜歡攝影到製作電影；從喜歡寫韻文變成撰寫文案；從學法變成執法；從在醫學院讀得死去活來，到在護理工作找到一片天。

如果我們不嘗試，然後放棄，又要如何找到眞正的熱忱呢？眞的不可能。

這帶出一個重要的問題：我們怎麼知道什麼時候應該要放棄？這個問題無法輕易回答，因爲放棄是很個人的決定。不過學界有些不錯的建議。例如李維特曾說：「幾乎所有做不好的事，我都放棄了。」深諳沉沒成本的亞克斯說：「第一件事就是撕掉OK繃，趕快去做。」亞克斯認爲，眞正成功離職或轉向的人都劍及履及，迅速決定，立刻行動，「我認爲重點是別回頭看。我知道這樣講有點陳腔濫調，但很多人就是這樣才能往前邁進。」我個人認爲，只要你有清楚的B計畫，只要你能看見重生的樣子，那就放棄吧。正如戒除壞習慣那樣，只要你有替代的方向，要放棄行不通的路就比較容易。

我希望你好好記住，放棄最重要的啓示就是：放棄是力量而非失敗。我們需要克服與生俱來的沉沒成本謬誤，看見放棄的眞貌：放棄是優勢，是「快速失敗」與靈活轉向的能力。

事實上，人人都會放棄。大器晚成的成功者只是更擅於此道。

第七章
自我懷疑是你的超能力

多數人都太過懷疑自己了。大器晚成的人和年輕有爲的人都會這樣，只是對前者而言，自我懷疑似乎負擔更重。如今，通往成功的輸送帶上只分成年輕有爲的人和其他的失敗者，於是愈來愈多人開始懷疑自己。在這個數據與分析俯拾即是的時代，我們都知道大家的表現——成績、薪水和臉書按讚數等。公開透明有其好處，卻也如同一股強風，把更多人吹往自我否定的一邊。

此外，我們的文化（如第五章所探討的）創造出各種模子，叫我們一定要融入。我們的家庭也許充滿衝突與憤怒，也許過度吹毛求疵，也許對我們加諸了不切實際的期望。我們也許考試成績平平，進了「錯的」大學，讀了「錯的」科系。如今的社會文化告訴我們，如果不走快速的成功之路，當心付出代價。如果做不符規範的事，評判馬上就到。如果從及早成功的輸送帶跳下來，首先會摔個遍體鱗傷。

最後，許多大器晚成的人都經歷過人生的難受轉折，例如離婚、重病或喪偶，內心因而產生動搖。我們下有孩子，上有父老，難保誰不會忽然身子出毛病，或是天降橫禍，逼我們不得不離開職場。這類的外力足以把人擊垮。許多婦女在面對研究人員所謂的「競爭的壓迫感」——懷孕、顧小孩以及其他家庭責任時，每每陷入自我懷疑的泥淖中。這些事情往往會影響晉升或是進修，導致比預期更晚才取得成功。眼看著同學平步青雲，同事蒸蒸日上，自己卻因為這類事情窒礙不前，對自我的懷疑也就愈來愈大。

現在讓我們先暫停一下。大器晚成者的成功之路必然與俗常有別，然而我們也許沒有接受這個事實，反而時常困在狹小的孔洞中，低估自己的能力與貢獻。這種自我懷疑會帶來諸如困窘、驚慌或是不知所措等各種痛苦，長期下來，還會產生比單純的痛苦更嚴重的負面影響，可能會讓你終生消極或是自我破壞，從而無法充分實現自己的潛能。

以上是壞消息。

那好消息呢？

好消息是：說來奇怪，自我懷疑其實是通往成功的祕密武器。如果運用得宜，其中所蘊藏的資訊與幹勁，有助於對抗自滿，提升我們的準備與表現。我們會質疑結果、測試新招，欣然發現各種解決問題之道，例如好奇與韌性等各種與大器晚成有關的優點。

不僅如此，我們也能成爲更有智慧的領導者、老師、家長和朋友。妥善地運用自我懷疑，我們會更能將心比心地理解自己與他人。

關鍵是，要把自我懷疑化爲資訊與動力。這個能力不會憑空出現，大器晚成的人必須學習管理無可避免的自我懷疑感，並善用方法使其從缺點轉爲優點。最佳策略就是富有同情心的誠實。我們必須學會承認我們的自我懷疑，並以更健康、更有建設性的方式重新構建它。我們需要學會看見自我懷疑眞正的樣子：它不多不少，就只是資訊。

如果能單純地把自我懷疑視爲資訊，它就可以不再是終生的敵人，而是可靠的顧問，有助我們達到目標，最終開花結果。

自我懷疑到底是什麼？「doubt」（懷疑）這個字來自拉丁文的*dubitare*，意思是「搖擺、猶豫與不確定」。從演化的角度來看，懷疑是一件好事，是人人與生俱來的求生方式。老祖宗會「搖擺猶豫」，難以決定要不要渡過湍急的河流，這種懷疑使他們存活了下來。如今我們遇到可能在騙人的畫家時，會「不確定」要不要買下畫作，這就是一件好事。對危險或模糊的狀況抱持懷疑的態度是人類的生存之道，對演化十分重要。

自我懷疑就是對自己的能力抱持搖擺、猶豫與不確定的態度，對自己本身及能力和決定沒有信心。這可以是好事，懷疑自身的能力確實可能會爲我們帶來好處；然而如果過度的話，反而會錯失機會，浪費潛能。由於社會文化沉迷於比較和排名，許多有望發光的大器晚成者時常陷入自我懷疑。我們面對達不到的標準，或是選擇不達到標準，因而容易忽視自己獨特的能力。

多數人處理自我懷疑的方式，不見得有多理想。許多人因此自廢武功，毀掉成功之機。我們憑空變出障礙，橫在任何測試自身眞正實力的考驗前面，這樣就算最後失敗了，還可以用一套完美的說詞，保護我們對自己天分和能力的信念：**在那場大考的前一天晚上我喝了很多酒，當然發揮不出實力啦**。或是用拖延來砸自己的腳：**我在最後一刻才寫履歷，難怪沒得到那份工作**。或是：**都怪我們老闆啦！我成天都在忙著工作，哪有時間準備那場重要的簡報，所以才會那麼慘。要是能夠給我多一、兩天的時間就好了。**

這種自我妨礙不是單純在製造藉口，而是故意搬磚頭砸自己的腳，以保護自己免於面對可能的缺點。這些只是小小的壞習慣，像是遲到、講八卦、事事干涉、說反話嘲諷或完美主義等，我們不見得確實知道這些行爲是在阻礙自己，甚至還可能誤以爲它們是優點，但其實這些行爲時常是種拖累。

此外，這種人常懷有心理學家所謂的「明天幻想」（tomorrow fantasy）：等明天情況合適，我們就會付出最大的努力；當時間對了，我們就會完全發揮才智，當然也會換來成功：**我不怎麼在乎這個案子，所以隨便啦！但只要是我有興趣的案子，我就會認眞、努力去執行，然後大家就會見識到我的眞本事**。我們靠著這種幻想，避免自己的能力眞正受到考驗。然而這固然保護了脆弱的自我，卻也讓我們永遠無法眞正成功。

有些大器晚成的人，以學界所謂的「強化他人」（other enhancement）來因應自我懷疑，這是另一種砸自己腳的思維。這類人心想：年輕有爲的人比較有天分、比較好看、比較沉著；他們原本就天賦異稟，注定就是要成功：**她SAT測驗考那麼高分，又那麼有自信，我拿什麼跟人家比？我永遠比不上她**。或是：**他又帥又年輕，所以才會得到那份工作**。**他們只會錄取好看的人當業務員啦**。我們把別人的成功歸諸於他們的先天優勢，卻貶低了自己的天分與能力。我們認爲他們天生就是比較行，所以能活得更光鮮亮麗。社會對年少有成的執迷只是在火上加油，其他人在這種情況下當然很難認爲自己有多少價值。

最後，另一個常見且可能是最爲有害的因應方式是「刻板印象威脅」（stereotype

threat）。我們內化了對自己負面的刻板印象，因此認爲自己永遠都沒有辦法擅長某件事，無論再怎麼努力都是白費氣力。例如許多人達不到義務教育的目標，就認爲自己學習能力不好：**你在學校永遠都不會表現得有多好**。或是：**你就是個沒什麼幹勁的人**。

我們相信這些負面的刻板印象，並以它們爲藉口來避開某些領域、挑戰或是職業。例如我們也許自認數學不好或是缺乏領導能力，然後不是設法撕掉這種標籤，而是避開數學或需要帶領他人的情況。我們還沒有機會發展能力，眞正測試本事，就先自我放棄了。刻板印象威脅既保護了自己，也限制了自己。

這些適得其反的因應策略，是否有出現在你身上？至少我就有，而且我還強烈懷疑有些大器晚成的人就被這麼被絆住了腳步。這些不是因應自我懷疑的唯一方法，卻是我們在崇尙年輕有爲的社會中，用來保護自己免於失望或失敗的策略。不過別擔心，這些只是路上的小坑洞，道路的另一頭是釋放了自我懷疑的眞正價値。

◆

想像你是一位舉世聞名的物理學家，就像影集《宅男行不行》裡的謝爾頓或倫納德。你研究原子粒子、解開弦論、研究宇宙的奧祕、發表數百篇論文，還是名校的終身職教授。你在學生、同事、家人與朋友眼中聰明絕頂，是世人推崇備至的知識分子。

這樣的你不會對自己有多少懷疑吧？

錯。

二〇〇五年，社會學家約瑟夫．赫爾曼諾維奇發現事實恰恰相反。最聰明與最成功的物理學家，也就是現實世界裡的謝爾頓或倫納德，反而經常懷疑自己。他們愈有成就，就愈常如此。

赫爾曼諾維奇訪問多位頂尖物理學家，請他們評價自己。受訪者都在知名期刊發表過上百篇被引用了數千次的論文，也在知名大學擔任終身職教授。赫爾曼諾維奇起先認為他們不太會懷疑自己，畢竟他們可是世界上最成功的物理學家。然而結果並非如此。

這些物理學家坦言道：「如果你的研究計畫一連被退了兩、三次，你會擔心自己是否已經廉頗老矣，或者你的想法根本就是錯的。」「我一直都蠻懷疑自己的。我老是覺得自己壓根就不合格，也沒有準備好，但還是得證明自己辦得到。」「好還是不好、做得如何、符不符合標準等不安的感覺……驅策了很多物理學家。」

想一想，連世界上最頂尖的物理學家都經常自問：**我是不是夠好？我能夠成功嗎？**

我擁有成功所需的條件嗎？你原先可能以為他們功成名就，因此會自信滿滿，但事實卻並非如此。

這是我們需要了解的一個重點：**我們所有人都在懷疑自己。**無論我們多成功都一樣。還沒發光發熱的人也許更會懷疑自己，但這不代表自己很糟糕、沒有能力或是技不如人。自我懷疑是件稀鬆平常的事，如果以為只有你、我或是某人會面臨這個問題，那可就大錯特錯了。贏得多座奧斯卡金像獎的梅莉·史翠普也曾在《歐普拉》雜誌上坦言自己感到很不安：「我對自己說：『我不知道要怎麼演戲啊，為什麼有人還想看我出現在大銀幕上呢？』」無論是普立茲獎得主瑪雅·安傑洛，或是知名的音樂家、享譽國際的腦外科手術醫師，還是再聰明、再有創意的人，也都無法免於這種恐懼。他們都會擔心哪天終於有人拉開簾幕，揭露他們既愚笨又無能的樣貌。如瑪雅·安傑洛所說：「我寫過十一本書，但每次都會想：『糟糕，他們就要發現了。我騙過了大家，但現在他們就要發現我不怎麼樣了。』」

所有健康的人都會懷疑自己。有些大器晚成的人也許覺得這是他們特有的負擔，但其實無論貧富貴賤，所有人都會這樣。從演化的角度觀之，自我懷疑是有好處的，能讓我們警戒、讓我們有幹勁；只有我們失控地訴諸上述的自我妨礙和強化他人等因應策略，自我懷疑才會變得有害。此外，許多研究顯示，輕度的懷疑自己其實能夠提升表現與成就。沒錯，自我懷疑能讓你表現得更好。包括高爾夫、跳繩、射擊、學科考試和分析測驗等相關研究，都明確顯示適度的自我懷疑能夠提升水準。這是事實，自我懷疑的受試者無論是在場下或是上場時，都會更爲努力。在球場上或是在學界裡，自我懷疑的受試者更注重練習，投入更多的努力。善用自我懷疑便不致過於自滿。

這給了我們很大的鼓舞。從小到大，社會偏頗地拿我們跟年少得志者相比，害我們愈來愈懷疑自己，甚至到了過分的程度。但是大器晚成的人和正在成功路上的人相比，有一個很大的不同：前者不讓自我懷疑成爲阻礙，而是藉其協助自己成長。我知道，這聽起來有點違反直覺。

但確實做得到。

◆◆◆

在第四章，我曾經稱讚了知名美式足球教練比爾．華許的洞見。我在《富比士》的早期，曾邀請剛返回史丹佛執教的華許替科技特刊《富比士ASAP》寫專欄。華許先前在短短三年內就讓聯盟最差的舊金山四九人隊脫胎換骨，拿下超級盃冠軍。他擔任教練期間，四九人隊又奪冠兩次，甚至在他離開之後還能兩度封王。比爾．華許可能是那個時代最聰明的美式足球教練。連原本詆毀他的人都承認，這個想出西岸式進攻的傢伙很不簡單，堪稱是美式足球界的創新大師。我曾多次到他在史丹佛的辦公室拜訪，每次他會聊個一小時，我則是振筆疾書，記下筆記。

在我們首次碰面前，我想像中的他是個像將軍一樣，超級自信的人，畢竟他可是位見過大風大浪的成功教練。然而當我們實際碰面後，華許看起來卻與我的想像完全相反，他對自己的懷疑就像是開放性的傷口那麼顯而易見。他三不五時就改換坐姿，修正自己講的話，起身到他藏書豐富的架上確認詳情。他明明是一位成就非凡的美式足球教練，卻表現得像是個神經兮兮的大學教授。

我們的對話更進一步證明了這點。華許謙虛地談著他在執教上的進步。他總是在學習、總是在實驗，也總是在懷疑自己。

有一天我問他，「自信」在成功職涯中的角色爲何。他嗤之以鼻地說：「自信唷，我的執教生涯遇過很多超級自信和虛張聲勢的傢伙。一開始你可能會這樣就冒出頭、得到第一份工作，也許還會往上升遷個兩級。可是自信會害你不再學習。過了一陣子，自信就會變得像是個笑話一樣。在我的執教生涯裡，我還眞的看過很多自信滿滿的吹牛大王，在四十歲後就再也沒有長進了。」

華許遲至四十六歲才眞正首次當上總教練，四十八歲才進入職業足壇。他起步很晚，卻是史上數一數二的教練。在選秀或採取危險戰術時，他從來不試圖壓抑對自我的懷疑，而是利用懷疑來實驗與重新評估、再次實驗與再次評估。

我認爲，華許正是我們該如何面對自我懷疑的縮影。我們應該藉自我懷疑來提升表現，日新又新。這就是重點所在。爲了要發光發熱，我們全都需要學習不要畏懼，而是擁抱自我懷疑，視其爲提升表現與成長的機會。

但是要怎麼做呢？

關鍵就在於我們對自己的個人信念的核心，這涉及心理學家所謂的「自我效能」（self-efficacy）。而要了解自我效能，就得從亞伯特．班度拉談起。

◆◆◆◆◆

亞伯特．班度拉堪稱是心理學界的巨擘。然而除非你很關注這個領域，否則可能不會聽過他的大名。《普通心理學評論》期刊在二〇〇二年認爲他是僅次於B．F．史金納、尚．皮亞傑和佛洛伊德，史上第四重要的心理學家。班度拉賴以建立其崇高地位的理論就是自我效能：個人對自身能否利用所擁有的能力去完成某項行爲的自信程度。

班度拉在一九二五年生於加拿大亞伯達省西北部一個寒風陣陣的平原小鎭，在六個兄弟姊妹中排行老么。他小時候讀的學校很小，全校只有兩個老師。因爲教育資源十分有限，他說：「學生必須靠自己學習。」

班度拉靠自學發現：「多數課本上的內容都會忘記，但是自學卻能讓你持續受益。」這段在加拿大的窮鄉僻壤靠自己學習的經歷，無疑在日後成爲他看重自我導向和個人動因的原因。

後來班度拉錄取了英屬哥倫比亞大學，打算主修生物科學。他晚上要工作，早上則跟其他同學一起通勤上課。有一個學期，他們抵達學校時課程都還沒開始，他不得不找個方法打發這段空檔。他說：「有一天早上，我在圖書館打發時間。有人忘了把開課表還回去，我於是拿來看看，想找門課來塡補空檔，結果發現有一門心理學的課正巧適合。後來那門課點燃了我的興趣，讓我找到了生涯之路。」

班度拉只用了三年時間就大學畢業，接著進入愛荷華大學的研究所，取得博士學位，拿到史丹佛的教職，從一九五三年開始在史丹佛大學任教至今。

他一九七七年發表的論文〈自我效能：邁向行爲變化的統合理論〉引發國際關注，大幅改變了心理學的走向，自我效能從此成爲心理學界的顯學。自我效能到底是什麼？

根據班度拉的定義，個人對自身能否利用所擁有的能力去發展策略、完成任務，憑各種努力取得成功的自信程度。更簡單地說，自我效能就是個人對自我能力的信念，例如考試、創業、演講、談生意或跑完馬拉松等。自我效能高很好，因爲除非眞心相信能取得想要的成果，否則我們從一開始就不會有嘗試的動力，遇到困難也很難堅持下去。

過去幾十年來，有數十個檢驗自我效能在學習、職涯發展和職場成功上重要性的研究。許多橫斷面與縱貫性的研究證實，自我效能高對薪水、工作滿意度和成功的可能性都有利。自我效能在諸如恐懼症、憂鬱症、社會技能、自我肯定、疼痛控制、菸癮、健康與運動員表現等各個領域，都有經過研究與檢驗。

爲什麼自我效能這麼重要？

我們所有人都有想達成的目標，也有想改掉的習慣，但是付諸實行卻不容易。班度拉和其他學者發現，自我效能在我們追尋目標和面對難題時扮演了很重要的角色。對大器晚成的人而言，尤其更是如此。由於社會崇尚及早成功，大器晚成的人時常無法得到自我效能的兩個主要來源：**精熟經驗與社會楷模**。

精熟經驗是指擅長某樣事物或達成某個目標，例如成績出色、稱霸球場或通過面試，這些都有助於增加自我效能。然而許多大器晚成的人這類經驗較少。因爲與社會的模子不符，也許考試分數不佳、未獲升遷，或是達不到某個文化期望，時常難以成功，所以不像年輕有爲的人常處在衆人的鼓掌聲中，也就難以提升自我效能。

社會楷模是自我效能的另一個來源，其意爲當看到跟我們相似的人取得成功，就更相信自己也有成功的能力。可惜這個世界成天盡是呈現英雄出少年的故事，因此大器晚成的人往往缺乏社會楷模，也就難以增進自我效能。

在此，有個關鍵區別需要強調：自我懷疑和自我效能是兩回事。自我效能高的人，會把困難的問題純粹視爲需要做好的任務。就像梅莉．史翠普那樣，他們也許會一直感到自我懷疑，但無論如何都會往前邁進，於是對所做的事逐漸產生喜好，也決心好好培養起興趣，遇到挫敗或失望會恢復得比較快。另一方面，自我效能低的人會避開困難的挑戰，認爲那些超出自身的能耐。他們往往關注自己的失敗或不好的表現，因此失去了信心。

換言之，自我懷疑是件好事，但若是缺乏自我效能就是壞事了。自我效能低對我們非常有害。自我效能幾乎影響了人生的各個層面，諸如學習、工作、戀愛和生活狀況等。對於大器晚成的人來說，強大（至少更強）的自我效能帶來打破社會規範的自信，得以繼續走自己的路，追尋自己的成功。如果我們想要開花結果，就務必要建立高度的自我效能。的確，就算建立了高度的自我效能，我們依然會懷疑自己（有時候甚至還會非常懷疑），但仍能保有個人動因，即使滿懷疑問仍相信自己，邁開步伐大步前行。這份信念是將自我懷疑變成幹勁和資訊的重要基礎。

幸好我們可以用一個已經行之有年的行爲來提升自我效能，那就是：說話。

◆◆◆

語言是人類的標誌。語言使我們建立深厚的關係與複雜的社會，也使我們互相教導與學習。不過我們獨處時也會使用語言，例如無論事態好壞我們都會自言自語，又或許在腦中響起小小的聲音，就像個內在的啦啦隊長或是內在的異議分子。心理學家和其他領域把這種小小的聲音稱爲「自我對話」，它形塑了我們與自己的關係。我們能夠藉由自我對話拉開跟現實經歷的距離，以反思生活。就某方面來說，在和自己對話時，我們是試著更客觀地看待事情。這份客觀對大器晚成的人助益甚大，能夠幫忙他們克服家人、朋友和社會傳遞的負面訊息。

很多人把自言自語當成怪癖，但是研究發現，自我對話能影響認知、行爲和表現。正向的自我對話能調節情緒、想法和精力，從而提升表現，還能提升自信、促進協調，以及增加專注力。就像童書《小火車做到了》裡的「我想我可以，我想我可以」等句子，如此確實能減少自我懷疑，增進自我效能，提升實際表現。這樣講有點老掉牙，但自我對話確實能激勵自己。

無論是正向的自我對話，或是其與自我效能的關係，皆是運動心理學的熱門研究主題。希臘色薩利大學的安東尼斯·赫茲喬傑迪斯帶領研究團隊，探討自我對話如何影響水球選手的擲球準度與距離。他們發現，球員以自我對話激勵自己的效果顯著，兩項實驗的實驗組都優於對照組。他們的研究發現如圖7-1所示。

這項研究顯示，整體而言，激勵型的自我對話能夠大幅提升自我效能和實際表現。這項實驗還證明了班度拉的假設：自我效能的增加可以提升表現。

無論我們的能力是高是低，自我對話都有助於提升自我效能和表現，這在包括管理、顧問、心理學、教育和溝通等體育以外的許多領域皆獲得證實。而無論是射飛鏢、

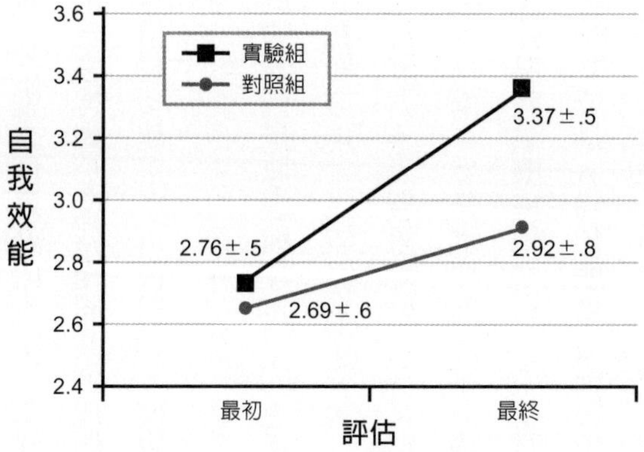

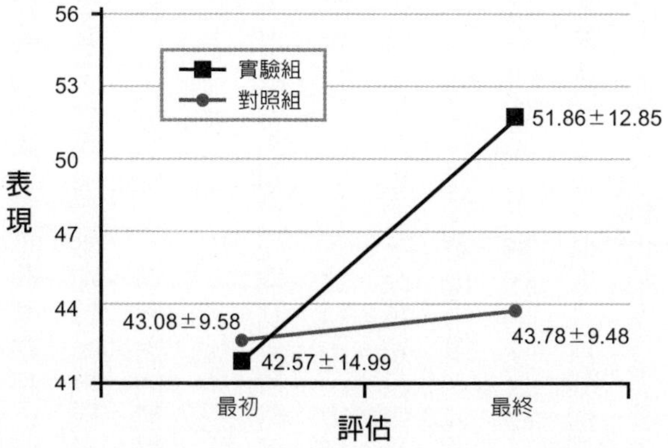

圖7-1　自我激勵實驗對照圖

手球、壘球或跳高等，自我對話也都能提升自我效能和表現。藉由自我對話，年輕作家和企業家在面對難題時能更有自信，也更爲強韌。

我自己就是個最好的例子。當年我學開飛機的時候，就是靠著跟自己說話大幅提升了四十五度轉彎、保持相同高度或側風降落等各式表現。我參加私人飛機考試的時候，考官也稱許我使用了自我對話，他說那表示我「了解狀況」。自我對話無疑幫助我保持專注。

就連我們是怎麼稱呼自己的也都有影響。密西根大學自我控制與情緒實驗室主任伊森．克羅斯發現，以自己名字或第二人稱**你**來稱呼自己的人，比以第一人稱**我**稱呼自己的人，在壓力下表現得更好。在某項研究中，爲了製造壓力，克羅斯告訴受試者他們只有五分鐘準備，然後就要向評審演講。他請一半的受試者試著使用第一人稱**我**來消除緊張：**爲什麼我這麼害怕？**另一半受試者則使用名字或第二人稱**你**稱呼自己：**爲什麼凱西這麼害怕？**或是：**爲什麼你這麼害怕？**在他們演講完之後，研究人員請他們自己評估剛剛的表現有多丟臉，結果以名字或**你**稱呼自己的受試者自認比較沒有那麼丟臉，他們的表現也確實更爲自信、更能侃侃而談，勝過以第一人稱**我**稱呼自己的受試者。

把自己當成別人「可以給自己客觀、有益的回饋」，因爲如此能夠拉開跟自己的距離，以第三人的角度從遠處關注自己。克羅斯說：「我們能建議別人怎麼解決問題的一大理由在於，我們自己沒有陷進問題裡。當自身抽離之後，能更清晰地思考。」因此我們用第二或三人稱稱呼自己，把自己當成別人，更能給出客觀的建議。

如果你疲憊不堪，想為自己的精神打氣，那麼不妨考慮使用第二或第三人稱，這將有助你以合邏輯的客觀角度衡量情況，而不會陷入情緒化的偏頗角度中。

如果大器晚成的人想要增加自我效能，語言的激勵力量並不僅限於自我對話，也適用於怎麼跟別人說話，尤其是在面對自我效能低的孩子、伴侶或同事的時候。口頭暗示能讓我們相信自己能處理好某個先前把我們壓垮的工作或難題。我們會相信自己有處理困難狀況的能力，也會付出更多努力。根據班度拉所說：「當自我效能的感覺提升，人們為了成功就會付出更多的努力。他們會鍛鍊技能，增進個人效能。」

反過來說，負面的回饋會打擊脆弱的自我效能。班度拉說，自我效能低的人可能會陷入「惡化循環」，所以我們應該避免再批評他們能力不足，也別潑冷水說他們做好的某件事其實很簡單。

這只是再次驗證了我們都已知道的：文字具有力量。

別說：「這又沒什麼難的。」而是說：「這是個挑戰，但你可以的。」別對你自己說：「天啊！我快完蛋了！」而是說：「艾力克斯，你有能力辦到，這樣做就對了！」簡單的口頭鼓勵能協助所有人大步向前，增進自我效能。

但是要注意的是，口頭鼓勵並不是要像個盲目樂觀的啦啦隊長一樣。積極正面是一回事，不切實際又是另外一回事。不該拿陳腔濫調來搪塞挫折與錯誤，而是要視爲反思和學習的機會。爲了能夠從自我對話或是任何的口頭鼓勵得到充分的好處，我們的描述需要合乎現實，否則如果太過誇張可笑或是天花亂墜，只會適得其反，減少自我效能。那麼，我們要如何在激勵和現實之間尋得平衡呢？

當我們幫助自己或是某個我們在乎的大器晚成者處理自我懷疑的問題或是克服挫折時，要斟酌字句與語調，善用心理學家所謂的「框架」。

◆

畫框會隱隱約約地將我們視線引導到畫面上，影響我們如何觀看顏色和線條。同理，我們也能利用認知框架來形塑行爲。舉例來說，我們處理批評的框架是什麼？處理挫折的框架是什麼？面對新挑戰的框架又是什麼？

多數時候我們是根據過去或好或壞的經驗，自動採用框架，自己不見得會意識到。許多大器晚成的人在面對難題時，習慣會採用負面或是有害的假設，自我效能愈低的人愈會這樣。都還沒有開始動手做，心中就認爲已經失敗了。這種負面框架會阻礙成功的機會。因此，關鍵問題在於：在面對挑戰時，我們是否可以改爲使用正面框架？答案是：當然可以。

哈佛商學院教授艾莉森．伍德．布魯克斯近期以觀察唱卡拉OK、上台演講和算數學時的焦慮感，研究框架對情緒的影響。多數人遇到這類焦慮會設法壓抑，而布魯克斯則研究另一種方式：將焦慮重新框架爲興奮。與那些試圖冷靜下來的人相比，那些將焦慮的能量重新框架爲興奮的人，確實會感受到更多的熱情，也會表現得更好。

布魯克斯發現，我們能夠很簡單地做到這點，例如自我對話（大聲說：「你很興奮！」「快興奮起來啊！」）。這可以將焦慮化爲機會，而非威脅。根據布魯克斯的研究，我們很能控制感覺和情緒。藉由改變框架和自我對話，能夠有助於構建我們實際感受時的方式。

這對大器晚成的人來說，可是一個令人鼓舞的消息。我們的認知框架因爲多年來的負面反饋和資訊而產生了扭曲，導致我們遇到事情時就自動以有害的框架限制自己。但是我們可以改變自己的框架。

多數心理學研究裡的框架模式，都包含兩個截然不同的元素：學習對表現、促進對預防、健康對不健康，或者是像上述的實驗，興奮對焦慮。正面框架如學習、促進、健康和興奮，會帶來更好的韌性、創新與學習；負面框架如表現、預防、不健康和焦慮，導致成果不彰，造成逃避風險的心態，偏頗地視新狀況為失敗的機會。

如果我們有辦法自行選擇框架，又為什麼要讓它扯後腿？大體上，研究人員都認為許多自發的框架目的是在保護自己，大器晚成的人就經常這樣。然而自我保護型的框架，例如跟自己說「我不夠好」或「我會搞砸」等，綁手綁腳，妨礙自己學習、進步與成功。如果接受自我局限的框架，我們便無法達成目標，無法發現熱忱，也無法活出人生的意義。

成功的大器晚成者不會這樣，他們不會預設用自我保護型的框架觀看萬事萬物，而是學著自己重設框架。我們都能自由地重設框架，將任何想法變得更為正面，就像因為上台而緊張的受試者把焦慮重新框架為興奮一樣。重設框架不等於忽視現實，而是改變我們對現實的看法，使其具有更有益的意義。

簡單地說，重設框架包含兩個步驟。首先是發現負面框架，然後用正面框架取而代之。假設你剛剛面試工作沒上，覺得很糟糕（誰不會呢？），這時該問自己的是：**你想覺得糟糕多久？**久到上社群媒體把那家公司狂罵一頓？重設框架最困難的部分在於：知道自己可以選擇在什麼框架下，處理某個艱難的狀況。求職遭拒的正面框架可以是：**哇，好令人心痛啊！但是我學到了什麼？也許是我準備不周，也許是我感覺那工作不適合我，而面試官發現了我的這個想法。**換言之，你如何幫助某個好朋友、你會怎麼對他說，就怎麼重設框架。如果你明白自己有預設的框架（「**我就是這樣，不是大器晚成，是永遠不成啦**」），光是這種認知就是很大的解脫。如果你知道儘管狀況很差，卻還是能選擇好的框架，你就可以破除自我保護的鎖鏈，訓練頭腦，邁向成功。

重設框架的第二步是把難題連結到更大的目標：**這次上台演講不只讓人躍躍欲試，還能讓別人看到我，得到更多的機會**。這個更大的目標應該清楚明確，令你嚮往，不僅讓人興奮，還讓人生升級。

框架在事後也很重要。如果你毀了一個機會，別痛罵自己，別猛找藉口，而是把錯誤化爲學習的機會。別說：**我毀了那次演講**，或是：**他們給我的時段很爛**，而是問自己：**觀衆從什麼時候開始無精打采？**然後承認：**麗莎，妳沒有發揮全力。下次妳要準備得更聰明點**。事後框架是極有威力的工具，無論對大器晚成的人或是任何人都是如此。

聰明的框架對你和組織都有好處。認知心理學家指出，有效替難題重設框架是組織成功的關鍵，豐田汽車的自動生產系統是如此，洛杉磯貧民區的寵物領養團體是如此，全美各地的手術室也是如此。懂得重設框架的人更能解決問題、面對難關、大幅改變，並成為更出色的團隊成員。更有甚者，能夠熟練地重設框架的人，也會是一位好的領導者。領導者是發言人，他們建立共識，集中大家的焦點，創造共同的意識，激勵眾人的行動。領導者若能把難題重新框架為學習的機會，把組織改變重新框架為互助合作，就會持續取得成果。同理，大器晚成的人如果學會處理自我懷疑，學會把難題與阻礙重新框架為機會，則不僅可以當個更好的團隊成員，還可以勝任更大的領導工作。

重設框架只是以花俏手法粉飾太平嗎？不，並不是的。重設框架不是假裝一切完美或是風平浪靜，而是以正向的方式詮釋眼前的難題，設法找出更好的道路往前邁進。重設框架不是關掉負面的想法或是壓抑擔憂和恐懼，也不是把錯的負面想法轉化為錯的正面想法，而是往後退一步，為自己也為身邊的人，把想法置入更正向的現實框架中。

自我對話和重設框架相輔相成，如果我們能在自己和難題之間稍微拉開距離，它們能發揮更大的功效。即如前所述，研究證實以第三人稱稱呼自己是個很好的方法。不過，想避免深陷在錯誤與失敗裡確實不容易，連最成功的大器晚成者都不見得能做到。

當周遭衆人用刻板印象看待我們、貶低我們，我們想要跳脫更是難上加難。而且即使研究證實了效果，我們也不可能在一夜之間脫胎換骨。

不過我們還有另一個處理自我懷疑的工具，能用來協助自己更健康與更客觀地看待事情。而且放眼整個工具箱，這可能是最重要的，也就是：自我疼惜（self-compassion）。

◆

在討論自我懷疑時，主流建議我們需要反著做——要更自信、更肯定、更大膽。然而自信的問題在於達成的方式。我們很常用廉價的方式，例如貶低他人或是拿自己跟最弱的對象相比，來建立自信。我們遵循社會規範，社會看重什麼，我們就看重什麼；社會怎麼定義成功，我們就怎麼定義成功。可是這些廉價的方式無法長久，難以爲繼，好的時候會導致自戀，壞的時候則會導致憂鬱。

大器晚成的人處理自我懷疑和增加自我效能的方式好得多了。正如我們容許個人以多元步調發展自我，我們也要對自己寬容些，即是增加對自我的疼惜——一種以內在同情接受自己的形式。自我疼惜鼓勵我們承認自己的缺點和極限，從更客觀與更真實的角度看待自己。有助於藉由自我對話來激勵打氣，把焦慮的狀況重新框架爲興奮的良機。

自我疼惜如何能發揮效果？關鍵是：無論社會怎麼說，我們都要知道自己其實已經夠好了。我們雖然都會犯錯，但人人生來就有權利追尋天命。當我們犯了錯，也就有責任從中學習，等學好之後，自然該拋諸腦後，繼續往前走。像這樣子接受自己，是大器晚成的人實現自我疼惜的基礎。

當我們不再逼自己及早成功，不再迎合神童典範，就更容易接受批評與指教。當我們對自己客氣些，就更容易把難題和錯誤重新框架爲學習的機會。杜克大學心理學和神經科學教授馬克．利里率領他的團隊，研究自我疼惜的人是如何處理傷痛事件的。他們發現，自我疼惜能隔離自我陷溺，能在被批評時減少負面的感受，也能夠不至於太痛苦地承認自己在不好的事情中所扮演的角色。他們總結道：「大致來說，研究發現自我疼惜能減少對負面事件的反應，其方式與自尊不同，在某些情況下，比自尊更有益。」

自我疼惜跟情緒復原力（emotional resilience）息息相關；情緒復原力是大器晚成者的強項，包括安慰自己、發現自身錯誤、從中學習啓示，以及激勵自己去追尋成功等。自我疼惜也跟樂觀、滿足、自主，還有較低程度的焦慮、憂鬱、壓力和罪咎等情緒幸福感（emotional well-being）密切相關。可想而知，相較於其他人，自我疼惜的人更容易從錯誤、失敗和缺點中進步，因爲他們能更客觀地檢視自己。此外，長遠來看，善待自己所能產生的自我價值感，遠較看似無邊的自信所產生的自我價值感，更爲穩固。

最後，自我疼惜能提升幹勁。自我疼惜的人比較不害怕失敗。一項研究發現，同爲考不及格的受試者，自我疼惜的人更認眞地準備補考，也會投入更多準備時間。由於自我疼惜讓人覺得失敗也不要緊，所以能激勵人再一次、更努力地去嘗試。

自我疼惜並非軟弱。研究自我疼惜的重要學者克莉絲汀．涅夫說：「你身處壕溝之中，是希望遇到敵軍還是友軍呢？」自信是感覺自己很好，但這很可能只是自我感覺良好；自我疼惜則是鼓勵自己更客觀地接受事實。後者要是失敗了，框架不是**我好爛，我好爛**，而是**人有錯手，馬有失蹄，沒有人是從來不犯錯的**。這種心理框架能大幅改變自我懷疑和失敗。如果能說**這很正常**，**人就是會失敗**，你就有機會從經驗中成長。反之，如果以爲自我懷疑和失敗不正常，那麼失敗時就會陷入怨天尤人的情緒，怪東怪西。偏偏每個人都會失敗——尤其是選擇走及早成功的路追尋成功與快樂的人更是容易。

如果自我疼惜不是與生俱來，大器晚成的人又要怎麼培養這種能力呢？最重要的第一步，是留意腦中的聲音，也就是我們指導自己如何走過人生的自我對話。這聲音通常太具有批判性，我們許多人只要一感覺犯錯就把自己罵翻。然而我們需要的是留意這聲音，承認當中的批評，重新框架得更有同理心。

涅夫說：「你怎麼在乎與關心你所愛的人，就應該怎麼和顏悅色地對待自己，這就是自我疼惜。我們需要更爲人性化的框架，所以自我疼惜才如此不同：『我是個不完美的人，過著不完美的人生。』」

多數人通常對別人比較有同情心。如果好友跟我們說，他們遇到什麼慘事或犯了什麼錯，我們通常會安慰他們。等他們情緒比較平復之後，我們大概會鼓勵他們從中記取教訓，計畫下面幾步，堅持挺過難關。

由此觀之，自我疼惜可說是：我們怎麼對待好友或愛人，就怎麼對待自己，就算他們（我們）犯錯了也是一樣。這不是在自己騙自己，而是改變跟自己說話的方式。腦中對自己的尖刻批評不是敵人，自我疼惜是要學著跟這種批評做朋友，保持客觀的距離，把批評化爲激勵自己的利器。

人非聖賢，孰能無過。成功的大器晚成者會迅速重整旗鼓，往前邁進，而不是逼死自己。他們知道自己只是一介凡人，會犯錯、會沮喪，但不會一直沉溺其中。我們都需要擺脫錯誤的認知和社會的壓力，別深陷於徬徨不安和自我懷疑之中。

總結來說，健康的人都會懷疑自己，但大器晚成的人則是常常懷疑過度了。爲了保護自我的形象，我們採取無濟於事的處理機制，結果適得其反，像搬石頭砸自己的腳。成功的大器晚成者會尋求自我效能，以期跟自我懷疑化敵爲友。自我效能是以合理、正向的態度，自認能完成某個任務，依事實擬訂計畫，藉由自我對話、框架/重建框架與自我疼惜發光發熱。這些方法是大器晚成者的成功基礎，與好奇心、同情心、韌性與沉著相輔相成，有助獲致成功。

這些大器晚成者的特質現在顯得重要，在未來可能更形重要。許多人很快就會發現，程式能勝任我們的工作，許多「遵循特定規則」的工作會被人工智慧所取代（見第二章）。從事更複雜工作的人將會更多，但是單純的工作卻會愈來愈自動化，我們的能力很快就會淪爲明日黃花。

你大概知道接下來我要說什麼。當各層面的工作變得更複雜與統合，好奇心、同情心和洞見等大器晚成者的特質便更趨重要。自我懷疑能培養承認錯誤、支持自我效能、替難題重設框架和展現憐憫心等多項能力，全都有助於面對未來的需求：創新、持續學習以及團隊合作。這些都是大器晚成者的強項，是未來所需的技能，能讓我們從許多年輕有爲的人中脫穎而出。

這不代表大器晚成的人注定只能當個好員工。上述許多技巧也能有效地運用在領導統御上。領導者若能展現憐憫心、支持自我效能、替任務重設框架，就更有辦法贏取信任，促進創新。領導者若願意正視現實，邀他人協助解決問題，則更有辦法克服難關。這種領導者更無私、更有知識，更能跟團隊成員攜手並進。像比爾·華許這樣擁抱自我懷疑的領導者更能提升表現，增進向心力。執此見解的人可不只我而已。現在麥肯錫、德勤和美世諮詢等全球知名顧問公司都有志一同，強調好奇心、同情心和沉著等大器晚成者的強項，並認爲它們是未來領袖的關鍵能力。

如果運用得當，自我懷疑就不是阻礙，而是大器晚成者的超能力。

第八章

成長緩慢？讓自己轉換到更好的環境吧！

也許老朋友就是會拿當年的難聽綽號叫你；也許儘管你長年表現良好，主管卻不讓你升遷，只因爲你學歷不夠亮眼，放在公司網頁上不好看。這類情況常常讓人感覺被困住，無法破繭而出，擺脫舊的自己。

大器晚成的人學歷不突出，跌跌又撞撞，太常碰到這種情況。如果你原本是「收發室的小鮑」，就算後來進修取得會計學位，在同事眼中你大概還會是「收發室的小鮑」；如果你想當「超強的財務經理鮑伯」，大概得換間公司才行。同理，如果妳高中時的綽號是「書呆子凱蒂」，即使過了二十年，在高中老友眼中妳可能還會是「書呆子凱蒂」；如果想眞正變成「幹練職場女性兼兩個好孩子的凱蒂老媽」，也許得跟其中幾個老友說掰掰，甚至索性搬到別的地方。

我們常常很難承認，別人會另眼看待我們的成功或不成功。就像花盆裡長得太大的玫瑰，你需要換個工作、公司甚至是城市，才能充分發揮潛能，否則有些人可能依然如故，還把你當作先前不怎麼樣的你。

你拚命提升自己，往上突破，卻可能動搖人際現況，威脅社交或專業裡的階級。如果你變得比身邊的人更好，他們可能會懷疑自己的成就與人生，感到落居下風，所以（有意無意地）試圖把你往後拉。

爲什麼別人甚至朋友會試圖把你「往後拉」？因爲動物和人類生來在意地位。螃蟹會把想爬出陷阱或桶子的螃蟹往下扯，大家要死一起死。心理學家和社會學家稱這個現象爲「螃蟹心理」。就人類來說，誰鶴立雞群，誰往往就容易被團體裡的其他人貶低。大器晚成的人若突然取得成功，就容易會「小廟容不下大佛」，可能成爲你那個階級、宗教或種族的叛徒。有時候，別人的貶低話語會毫不掩飾地隨著嫉妒、憎恨或惡意洶湧而出，但更常見的是下意識地流露出來，例如把警告僞裝爲擔心：「我不知道耶，莎拉，我只是不希望妳受傷。」記者兼作家湯姆．沃爾夫曾解釋在他的著作《電子酷愛酸鹼測試》和《眞材實料》背後的邏輯：「我在探究任何主題時，多少都會以『地位』作爲論述的基礎。比方說，《眞材實料》不是在談太空，而是在談太空人之間的爭權奪勢。」在沃爾夫的書中，人類對地位的死命爭奪著實引人入勝。不過眞正處於最底下的人，也就是對身爲地位最低的大器晚成者而言，那可不好受。

在這類情況下，解決之道很清楚：我們需要將自己連根拔起，移植到另一個花盆。這種移植如同個人再造，很少有容易或是平順的情況，所以不同時代和文化的文學作品都有這類的故事：青年男女逐漸長大，開始獨立思考，而且自己不見得是家人或文化希望他們成爲的樣子。只是離開家人或文化從來就不簡單。

移植換盆可以平和也可以激烈。你可能可以結交志同道合的新朋友、換工作或是搬到另一個地方。關鍵是要做出改變，跨出第一步——無論多小都行，以邁向一個更能成功的豐饒環境。

◆

當我們想要提升或是重塑自己時，往往會面臨抵抗；這個抵抗不只來自外界，還來自自己。多數人都會抗拒改變，連擺脫痛苦或礙事的事情都會抗拒。團體或「部落」讓我們感到安心，所以有吸引力（參見第五章）。然而如果團體害我們停滯不前呢？如果團體對我們不利，但其他地方看起來也都很可怕，讓我們不知如何是好呢？

大器晚成的人會面臨的另一個阻礙是我們對自己所說的話。我們在腦中說：「**我高中很害羞，一輩子都會很害羞。**」彷彿這是不變的眞理。然而那只是過去還沒有成就的自己。這種說法像是我們有某些固定的行爲特徵，終生不變。結果，我們便不另覓出路，另尋花園。

哈佛大學教授陶德·羅斯在《終結平庸》中，指出行爲特徵並非是終其一生不會改變的：

> 你的個性外向或內向？這個看似簡單卻暗藏玄機的問題，把我們拉進一場歷史最久遠、最具爭議性的心理學論辯中：人格的本質。論辯的其中一方是**特質心理學家**，主張行爲是由定義明確的人格特質所決定的，例如內向和外向……相對而言，**情境心理學家**聲稱環境對我們人格的影響力，遠高於個人特質。

數十年來，特質心理學家和情境心理學家僵持不下，但羅斯認爲情境心理學家已然獲勝，他們提出的證據也更好。這對大器晚成的人來說是個好消息。我們過去的行爲，無論有多麼愚蠢、多麼糟糕又或是多麼無能，都不是我們根深蒂固的性格。如果我們改變行爲和情境，換個花盆，就可以揮別過往。

羅斯自己就是個大器晚成的人。他高中輟學，平均成績爲D。這樣的他曾說明當年是如何換個環境，到韋伯州立大學就讀的：

我還記得學校說我「個性兇悍」，外婆聽了不肯相信，跟我爸媽說：「他在我家裡一直很乖。」這不是外婆鬼遮眼，我在她身邊確實很乖，是碰到特定情況才會兇悍，像是被欺負的時候。在班上，有三個大個子愛鬧我，所以我才把紙揉一揉沾口水射他們。我在外面會盡量避開他們，可是在班上避不了，所以常在班上當小丑搞笑，想說如果逗他們開心的話，他們比較不會找我麻煩。射紙團也有效，但害我跑了輔導室一趟。

後來我考進韋伯州立大學，靠頭腦改變在班上的行事。我從一開始就避開有高中同學的課，這很重要。我知道，有些狀況會讓我表現得像是班上的小丑，但在班上當小丑永遠不會帶來成功。

換盆的阻礙不只在心理層面。多數人都正面看待網路和搜尋引擎的發明，也應當如此，因爲那讓我們更容易取得資訊，也打開了出版和投資等事業的大門並加以大衆化，還促進了網際合作。然而網路和搜尋引擎也阻礙了我們對人生的重塑，我們曾經犯下的錯誤與失敗都留在網路上，重塑人生淪爲過時的理想。在某方面來說，我們集體喪失了遺忘的能力，失去了一個很美國的理想，也就是重新開始的權利。

另一個阻礙則較爲單調。在美國，人民遷徙的頻率正在遽然減少。與一九九〇年代初期相比，美國國內的搬遷比例減少了一半左右。沒有人知道確切的原因，有人認爲原因出在更多人買了房子，背負著高額房貸，所以不再搬來搬去。此外，消費水準愈來愈高，搬家在現實與心理層面的代價愈來愈高昂。以前美國人搬家只需要租一輛貨車，現在多數家庭需要租六輛才行。還有一個原因是因爲雙薪的關係，當家裡有兩個人在工作，兩個人要一起離職、一起在相同地點同時找到工作，可說十分困難。工資停滯也是原因之一，現在很多人就算換了公司或工作，薪水也不會比原來高出多少。

除了上述那些實際上的困難之外，還有人的問題。離開原本居住的社區是一件痛苦的事，要離開鄰居和友人也不容易，他們很愛我們，也會很想念我們。

不過說到底，眞正的朋友和家人會希望我們有最好的發展，就算這意謂著他們只能想念我們也沒有關係。

金柏莉·哈靈頓是個大器晚成的人，她的第一本作品《成熟的時刻》在五十歲時才出版。之前她在洛杉磯和波特蘭的廣告公司擔任文案人員和創意總監時，始終想寫散文和出書，她發現如果想實現夢想就得離開大城市的廣告圈，最後她選擇落腳佛蒙特州的鄉間。

如果我住在洛杉磯的話，還有辦法寫書嗎？我能很快回答你：不行。只要看我早年在廣告業的日子，就會知道那是大城市的產業。就算不是在大城市，廣告業本身就會把你耗盡，你的整個人生就會只剩下這個工作。你認識業內的每個人，跟他們一起出去混。我在很酷的城市，跟很酷的人混在一起，但要時時刻刻都那麼酷，就太燒錢了。我被解雇的時候才明白這件事，突然間整個職業的大泡泡破滅了。

在佛蒙特州這裡，我身邊盡是學者和環保人士。很多人都認爲：「廣告業是很糟的行業，根本在摧毀這個世界。」

當你發現你喜歡的這個做了一輩子的職業，在其他人眼中根本沒有那麼美好，眞是令人慚愧。我想這進一步打開了我的視野。我離開的那個世界很緊繃，而我發現那不代表一切。

我離開了酷炫的大城市，離開了占據我所有時間的廣告世界，改成在小鎮從事很有彈性的自由業，讓我有空檔可以思考要做點什麼不一樣的事。我在佛蒙特州當自由工作者，忽然發覺自己有餘裕可以做點新嘗試，例如投稿《紐約客》、專門刊登被退稿文章的*McSweeney's*和網誌。我覺得世界很開闊，而且我的頭腦有空間，能多做點什麼。如果我還在洛杉磯從事廣告業，一定做不到。

哈靈頓離開「職業的大泡泡」，來到更多元豐富（但不「酷」）的環境，獲得很正面的經驗。這種經歷其實有很多研究支持，那是迎向人生的新旅程，擁抱更合乎眞實自我的角色和職業。研究顯示，「當人處於適合的環境，身心滿意度會更高」，而其中當然包括工作環境。

正如作家丹尼爾·克柏和提摩西·賈基所指出的，成功轉職的人比較重視個人和公司的契合，而不是個人和工作的契合。換言之，就工作的成功與滿足而言，公司的文化和環境比實際的工作內容影響更大。這意謂著求職者不只要蒐集特定工作的資訊，也要了解與評估公司的文化。此外，如果求職者個人的價值觀與公司的價值觀相契合，他們的「工作態度」會更好，也更有可能發光發熱。依據克柏和賈基的說法，如果求職者找到的工作環境充分符合其需求，他們會更認眞、更忠心、更全神投入，工作表現和工作滿意度也會更高。

現有研究和哈靈頓的故事清楚顯示，找到正確的花盆結果會大不相同。雖然你可能光是想到換公司或城市就感到害怕，但這卻是發光發熱的有力契機。

◆

你要問自己的核心問題是：**我是不是待在最能讓我發光發熱的花盆裡？**想找到完美的花盆太過不切實際或太耗時間，因此你也該問的問題是：**哪些花盆最能支持我的天分、性情和熱忱？**

蘇珊．坎恩在她探討性格內向者的名著《安靜，就是力量》中，引述相關研究指出，有些人幾乎在任何花盆都能成功，有些人只在特定花盆才能成功，多數人則落在中間。所以如果我們能夠讓天分和性情跟環境相契合，就比較有成功的可能。

哈佛大學兒童發展中心主任傑洛米．凱根指出，有些嬰兒屬於「高反應型」（high-reactive），一點光線和聲音就很容易哭，他們長大後往往會比較敏感、個性內向，還比較喜歡安靜獨處；有些嬰兒則屬於「低反應型」（low-reactive），他們不太在意光線和聲音，長大後通常比較外向，愛與別人來往。

倫敦大學兒童照護專家傑．貝爾斯基指出，高反應型的兒童長大後若碰到壓力，更可能會受憂鬱、焦慮或害羞所苦。如果他們待在錯誤的花盆，就會受到傷害；但如果他們受到良好的照顧，處在穩定的家庭環境，就會有出色的表現。

作家大衛．杜伯斯依據兒童對壓力的不同反應，把他們類比為不同的植物。低反應型的兒童和大人就像在哪裡幾乎都能盛開的蒲公英一樣，大多外向，在很多地方表現良好；高反應型的兒童則像蘭花，只會在特定環境才有好的表現。

這個蘭花假說對我們所探討的大器晚成很有幫助。如果遲遲未能成功，也許代表是偏向蘭花型，卻處在不適合自己的花盆裡。我絕對就是如此。我在北達科他州的畢斯馬克市長大，那裡不是多適合我的花盆。和許多小城鎮一樣，在當地嶄露頭角的多半是高中明星球員（如美式足球、籃球和冰球）、衝勁十足的人，以及諸如擅長建造與維修油井、水道、橋梁和建築等空間智商高的人，這類蒲公英型的人幾乎在哪裡都能成功。然而內向的人，例如喜歡讀書、抽象概念較好的蘭花型人才，在這裡卻沒有多少合適的花盆，他們通常比較適合大城市或是大學城。

你是蒲公英或蘭花呢？當你思考該選擇哪個花盆，最好要先知道這個問題的答案。

◆◆◆

現在假設你決定藉由轉職來改換環境。如果你得要賺錢養家，我不太建議換到截然不同的行業。這種激烈的舉動是年輕人和退休人士的特權，至於三十幾到五十幾歲需要養家的人，最好是考慮換到「附近的空間」，也就是類似的工作。例如哈靈頓從寫廣告文案換成寫散文和出書。哈靈頓之前培養了撰寫廣告文案的專業技能，雖然決定拋開產品和受眾，不過她沒有拋開天分和對寫作的愛，而是在附近的空間繼續發揮。

再以另一個我所熟知的行業爲例：新聞業。

一般來說，新聞業的薪水不高。放眼全美國的所有媒體，從報紙、電視到網路，大概只有幾千個從業人員能賺到中產階級以上的收入。因此，很多記者在結婚生下兩、三個孩子之後，就突然不想領記者這份薪水了。他們覺得記者這個行業前景不好，於是跳槽到附近的空間：公關業。

跳槽過去之後，記者將會感覺身分地位會有所下降。儘管公關業的薪水較高，但是記者是個自傲的群體，大多對公關業抱著不好的印象。許多記者會想：「我這輩子不可能進公關業，那違反了我的原則。」然而阮囊羞澀的記者跳槽到公關業後，卻往往會發現這一行比他們原本所想的更有意思。他們調查客戶、研究問題，想出有意思的解決之道，然後付諸實行。資深的公關人員就像是管理顧問，能玩更高階的遊戲、跟資深的客戶合作，他們尊敬你的經驗，對你的見解洗耳恭聽。而且由於你不是資淺的菜鳥，不需要為了媒體發表會埋首奮戰到三更半夜，或隨機打給不想理你的記者。

我認識很多原本從沒想過要進公關業，但現在卻在這一行做得愉快又得意的記者。而且你猜怎麼著？他們感覺重獲新生。我的前同事昆汀·哈代先前是《富比士》的矽谷分社社長，後來到《紐約時報》當記者，表現出色，屢次獲選為在人工智慧和大數據等領域全球最重要的記者。

如今哈代是Google雲端平台的總編輯。他去了顧客端，感到如魚得水。原本他在新聞業德高望重，但升遷到了頂，薪水也不會再高，甚至可能不進反退，於是他大膽轉換職業，在Google領著高薪，在這個如今最重要的數位科技龍頭和絕頂天才共事，與微軟和亞馬遜競爭得不亦樂乎。

哈代的職業轉換很合理，他是移到附近的空間。很多記者會變得憤世嫉俗，但哈代在變成那樣之前、在還能談成優渥薪資時就轉換跑道，繼續向上攀升。

◆

還有一個換盆的情形值得一提，那就是：覺得舊朋友絆住腳步，於是換一組朋友和同事。我的建議跟換職業如出一轍。有時候我們知道現有的環境有害，需要換個地方，跟之前斷個乾淨；然而更多時候我們只是卡在一個不上不下的環境，工作普普通通，同事還算可以，朋友們替你解悶，但無法助你向前。這時候你該怎麼做？把好的壞的一股腦全都拋開，冒險換個花盆嗎？

風險較小的方式是參加同儕團體。歷史最悠久的同儕團體大概是國際演講協會，該會創辦於一九二四年，旨在協助成員訓練公開演說的技巧，從而增進在職場中的自信（《安靜，就是力量》的作者蘇珊．坎恩便格外推薦內向害羞的人參加）。另一個重要的同儕團體是匿名戒酒會，由兩個沒有受過專業訓練的酗酒者於一九三〇年代成立，旨在協助其他的酗酒者戒酒，也協助他們兩人自己戒酒。後來除了戒斷組織外，許多其他類型的組織也都成功複製了匿名戒酒會的模式。

還有一個有趣的職業同儕團體是維斯達奇國際組織（Vistage International），該會需繳會費才得以加入，會員都是小企業的老闆。小企業的老闆碰到重大難關要找誰談？生意點子枯竭怎麼辦？旗下主管跳槽到競爭對手的公司怎麼辦？薪水付不出來怎麼辦？他們自己的家庭或健康亮紅燈怎麼辦？他們大概不會跟員工吐苦水，也不太能跟董事會的成員尋求建議，免得被視爲軟弱，在他們最脆弱的時刻被捅一刀。

在維斯達奇國際組織，成員能向其他直接競爭關係的老闆們訴苦，大家給的建議與忠告又有可信度，你只需要在改天也貢獻建議而已。由於彼此間沒有人情糾葛，成員也可以比較安心地承認自己的脆弱，尋求協助，接受建議。

宗教團體則是另一種也很不錯的同儕團體。我曾問馬鞍峰教會的創辦人華理克牧師，他們教會的崛起背後有何祕密，他回答說：「小組。馬鞍峰眞正的工作、眞正帶來向心力的，不是我在週日的布道，而是週一到週五的小組活動。」我自己的教會，還有很多類似的教會，在週一到週五都有不同的小組活動，成員討論如何走出離婚的痛苦、扶養年幼的孩子、教導十多歲的孩子、走出失業的陰影、動手創業和其他的議題。與匿名戒酒會和其他戒斷組織一樣，教會小組是免費的，由非專業人士帶領，互相保守祕密，只有一個要求：別人怎麼幫助你，你就怎麼幫助別人。這種小型團體是風險較低的安全方法，供你探索轉換花盆的選項。

◆◆◆◆◆

一旦你決定移到更適合的花盆，下一步是創造未來的願景。加州大學洛杉磯分校教授哈爾·赫希菲爾德指出，愈能清楚看見未來的自己，做的決定愈好。你必須看見未來發光發熱的自己，相信那個人**確實**是你。從心理學來說，這叫做「創造身分目標」（creating an identity goal）。學者彼得·戈維哲、帕斯卡·席蘭、費蘭納·米查斯基和安德烈·塞弗特認爲，如果能把轉換職場跑道等重要目標連結到身分目標，效果將會相當顯著。在你的想像中，你想成爲的自己會怎麼穿著、飲食和說話？這個嶄新的你又會怎麼跟別人互動？

我們換花盆時，行爲會產生改變，但要留意不要太違背自己的基本特質，而是要善用、延伸並化其爲助力。我在寫《人生2·0》時，訪問過一位從紐約搬到愛荷華州德梅因市的男士，他從事保險業，在紐約時常被批評不夠強勢：「你要強硬一點。」當他搬到愛荷華州，別人卻說相反的話：「放鬆一點。」幸好他比較有辦法放鬆一點。德梅因市適合他的低調個性，他在那裡做得有聲有色。我上次和他聊天時，他在西德梅因有很漂亮的房子，通勤上班只要十五分鐘。他很愛那個社區，也喜歡市郊的景觀，就算哪天懷念起大城市，芝加哥和明尼亞波里斯都不算太遠。

確保有好花盆的最佳方式，就是自己打造一個，古往今來成千上萬個企業創辦人都是這麼做的。一般認爲，創辦企業是爲了財務理由，爲了發大財。現實是，創辦企業的理由形形色色：爲了發大財、爲了證明想法、爲了改變現狀、爲了報復前老闆、爲了「在宇宙裡留下痕跡」、爲了塡補市場的缺口、爲了殺時間等。這些理由有個共同點，他們都想要掌控。企業家能選擇自己認爲適合的產品、員工和文化，動手打造花盆。

三十年來，我報導、談論商界，各形各色的成功企業總是令我感到驚奇。我不是指五花八門的產品、產業或地點，而是指琳瑯滿目的組織結構和文化，也就是千變萬化的花盆形狀與土壤。弗雷德里克．史密斯一九七一年創辦聯邦快遞時，是以軍事化管理這家市值六百五十億美元的商業龍頭。史密斯是海軍陸戰隊退役，他要求男性員工穿白襯衫打領帶，嚴格照表操課，開會絕對不能遲到。無論員工適不適合這家公司，但總之聯邦快遞的企業文化一清二楚，沒有任何模糊地帶。相較之下，理查·布蘭森的公司就顯得鬆散許多，因爲那就是長髮披散的叛逆小子布蘭森自己想要的風格。

軟體巨擘威睿公司（VMware）由黛安·格林共同創辦與經營，在工作狂風氣盛行的矽谷，她卻希望公司有利於員工的家庭生活。二〇一九年一月之前，格林還是Google雲端平台的執行長時，就常鼓勵員工要回家吃飯，照顧孩子。Google雲端平台的競爭對手是由安迪·傑西帶領的亞馬遜網路服務，他負責向創辦人暨執行長貝佐斯彙報，而後者以無比嚴苛的領導風格著稱。亞馬遜的企業文化很嚴格，對需要向貝佐斯彙報的人員尤其如此。某些人能在亞馬遜的花盆開花結果，但更多人做不到。如果求職者先在Glassdoor等職缺評論網研究過企業的文化，就不會對企業的花盆裡有各色各樣的土壤和形狀感到訝異。

因此，找對花盆——無論是按地點或組織文化——對我們能否成功十分重要。有些人偏向蒲公英型，在許多花盆都能盛開；但許多大器晚成的人則更像是蘭花型的，需要特定的環境。

然而，就算不知道下一個花盆會是什麼模樣，我們還是可以換盆；而且無論如何，我們都必須要致力於這個過程，原因就是心理學家所謂的「目標承諾」（goal commitment）。許多研究指出，目標承諾是達成目標的關鍵，能大幅提升健康、學科和工作表現。研究顯示，與空有目標卻沒有說出來的學生相比，寫下學業目標、做出承諾的學生更常達成目標，成績也進步更多。根據一項二〇〇二年的研究，「承諾是促成改變的關鍵要素之一」。

如果承諾是改變的關鍵，我們該怎麼做？大器晚成的人該怎麼對換盆這種連根拔起的改變做出承諾？

方法就是：跨出第一步。

就這樣，跨出第一步就對了。別擔心這一步會不盡完美。你反正就研究某個興趣、某個同儕團體、某個地方以及某個願望，同時想像你的下一個花盆。

不過要小心，換盆並不是在逃避某樣事物。戒斷團體稱不斷換盆的行為是「大地遊戲」——把所有問題都怪罪給身邊的人，相信只要在另一個城市重起爐灶，一切會海闊天空。換盆不應該是這樣子的。

如果懷抱的不是像「大地遊戲」那樣的思維，若現有的花盆確實無法幫助你成功，或許就是該換盆的時候了。如果你拿不定主意，千萬別就此打退堂鼓。脫離現有生活並不容易，時常會面臨阻礙。許多人夢想著跟現在截然不同的未來，卻得面臨心理與社會層面的強大阻力。但人生所有的改變本來就會有反作用力，這是現實，你得學著接受。

「我們在人生路上需要調整身分。」加州大學柏克萊分校心理學教授拉文納．海森說。海森跟進研究了一百二十位女性超過五十年的時間，她觀察她們的個性、特質、社會影響和個人發展等，發現改變自己從來就不嫌晚。「就算六十歲也不嫌晚。」海森說：「人可以下定決心更像自己想成為的樣子。在我的研究中，大概有十來位女性在她們六十到七十歲的時候，個性產生了顯著的正向改變。」

要記得，在換花盆方面，大器晚成的人更有其獨特的優勢。我們更好奇、更有韌性、不怕走到歧路、不怕背離傳統，真心想看一看轉角後或是山丘背後有些什麼東西。我們的長處激發我們做出改變，找到對的人和對的地方，得到成功的機會。

換盆真正的好處在於，我們能定義自己的人生，而不是讓別人替我們下定義。永遠不會有完美的花盆，我們永遠會成長、永遠會學習，並且以學習到的經驗迎向下一個難關，以及下一個花盆。我們如果敢於離開不快樂的生活，就得以追尋熱情，替生活重拾光與熱。我們有權利重新開始，有權利替自己下定義，有權利替自己做決定，這是人類理想的基礎。

且讓我們一起做到吧。

第九章
大器晚成者：成功沒有期限

現年九十二歲的傑瑞黛．魏斯已經退休了，她很清楚什麼叫作「堅持」。她三十多歲時，在海軍服役的丈夫待遇普通，魏斯要養育年紀仍小的孩子還要持家，經濟十分拮据。但是日後，她卻綻放光芒，成爲史上最成功的女性股票投資人。

魏斯一九二六年生於舊金山，當地高中畢業後，她進入加州大學柏克萊分校主修財經。大學時期，她只要有空檔時間就跑到圖書館，有什麼商管或投資方面的書就讀；不久，一本一九三四年出版的《證券分析》，以其說服力十足的邏輯，讓魏斯爲之心折（這本書也讓另一位年輕人愛不釋手，那個人名爲華倫．巴菲特）。《證券分析》的作者班傑明．葛拉漢和大衛．陶德認爲，股票代表對眞實公司的一部分所有權，所以具有「內在價值」；而且股票市場對內在價值的定價總是錯誤的。一九二〇年代股市狂飆，價格過高，瘋狂超過內在價值；一九二九年股市暴跌，一九三〇年代初期大多數股票的價格遠低於其內在價值，大眾對股票棄如敝屣。葛拉漢和陶德說，市場上的股價幾乎總是錯的。短期來看，股市像是台投票機器，在比誰比較受歡迎；但長期來看，股市其實更像個天平，股價會比較接近內在價值。

一九四九年，葛拉漢和陶德推出他們更出名的著作《智慧型股票投資人》，這本六百四十頁的巨作多年下來竟然賣出超過一百萬本。二〇一八年夏天我動筆撰寫本書的時候，該書還位居亞馬遜財經類書籍暢銷榜第三名。不過，《智慧型股票投資人》問世並深入闡述內在價值的投資哲學時，魏斯早已超脫葛拉漢和陶德的原理，逐步建立了自己的投資哲學。

魏斯對內在價值這個想法沒有什麼意見，但她對如何確定價值心懷疑慮。葛拉漢和陶德很愛使用「本益比」和「市帳率」，如今投資人也都還在使用它們。如果你打開財經頻道CNBC，每天幾乎都能聽到知名財經主持人吉姆．克瑞莫在談論某檔股票的本益比和市帳率。如果你在Google搜尋某家企業的股票，本益比和市帳率這兩個詞也會立刻映入眼簾。不過魏斯對此卻抱持懷疑的態度，她始終相信企業高層能夠操縱這兩個比率。

魏斯認爲，反映企業財務健康與動能的指標不是盈餘，而是股息。她發現當股息增加，股價就會上漲。根據企業過去的股息增減，可以建立一套模式，了解特定某日的股價過高或過低。

魏斯很想測試這個新理論，於是向投資公司投遞履歷。但她立刻撞上兩堵牆：一是一九五〇年代和一九六〇年代投資圈的反閃族風潮，一是她的女性身分。雖然她擁有亮眼的財經學歷，讀過葛拉漢、陶德和所有重要投資教科書，卻沒有公司願意錄取她，最多也只讓她做個祕書。

一九六二年，魏斯家在聖地牙哥的生活用她的話說是「僅堪勉強度日」。但是因為某檔股價偏低的股票符合她按股息分析的「績優股」標準，於是她買下了一百股。這筆投資成功了，接下來四年她按其股息理論的投資也全都成功了。四十歲的魏斯相信自己投資有術，於是她不再申請投資工作，而是創辦了一份名為《投資品質趨勢》的報紙，創刊號推薦三十四檔「股價偏低」的「特選績優股」。一九六六年四月，她列出的這三十四檔績優股包括ＩＢＭ、家樂氏和通用汽車。

如今這份報紙名為《ＩＱ趨勢》，由魏斯親自挑選的接班人凱利．萊特接掌，仍在替讀者賺錢。魏斯當年創辦報紙的時候，面臨資金不足的窘境，雖然她從一九六二年的那一百股開始，就在股市中賺錢，但一開始的本金少之又少。一九六六年她辦報時，手頭不甚寬裕，只能投入二千美元。一九六六到一九六九年，她硬撐著把訂戶的每一毛錢都投入股市，花了三年才轉虧爲盈。她說：「這件事教會我堅持。」

然而魏斯還沒脫離跟性別偏見的抗戰。二〇一七年，倫敦《每日電訊報》介紹她時寫道：「沒有人想聽一介女流建議他們該怎麼投資。魏斯還留著某位男子寄給她的信，信上說他不想聽女人的建議，除非那女人是在轉述男人的建議。爲了避開這種偏見，她署名爲G．魏斯，任誰看了都以爲那份報紙是男人辦的，直到一九七七年她登上熱門電視節目《華爾街週報》爲止。」

「那時我在行裡已經夠久了，顧客靠著我的服務賺錢。」魏斯說。那年她五十一歲，投資世界才正開始注意到她。

魏斯的大器晚成可以歸功於堅持——由她的深切熱情而生的耐心。耐心是她投資哲學的一部分（也是葛拉漢和陶德另一位門徒巴菲特的投資哲學之一）。這樣的投資不會讓你一夜致富。魏斯其實也常在股票泡沫晚期賠錢，例如投資人揚棄價值股，對網路股趨之若鶩的一九九九年代。不過她相信自己的投資哲學，在許多年的投資循環裡，於股市中加以驗證。偶爾哪一年情勢沒那麼好也不會讓她心煩意亂。

魏斯是位大器晚成的模範，也是我們所有人的楷模。無論你再天才、再幸運與擁有再多的熱忱，想要有所成就就得要堅持。我爲了本書訪問諸多大器晚成的人時，他們幾乎都說一旦你找到熱忱和「花盆」，就要堅持下去。

如果我們有耐心，如果我們對熱忱有所堅持，在人生任何階段都有機會獲得重大的突破。許多「一夜致富」的例子，其實是二十年、三十年，甚至是五十年的堅持不懈，才能水到渠成。由於我們執迷於及早成功，長年努力所換得的成功常被錯誤地歸功於天分。本書已經提出了許多大器晚成的例子，這些事例應該被視爲激勵我們學習、嘗試、堅持，最終開花結果的榜樣。

◆◆◆◆◆

無論有多麼沉著、多麼有備而來，許多人還是會暗自心想：**我到底有沒有本事和毅力活出我的人生？**那指的可能是放棄安逸的工作、離開一群朋友，或在意志與信念動搖時堅持不懈。

答案很簡單：你當然有。

我怎麼能說得如此肯定？許多人甚至無法節食減肥超過一週，又怎麼能撐過數年的困境與犧牲？我們得面對無可避免的挫敗、父母的反對與朋友的質疑，又怎麼能堅持住這趟有別凡俗的重新發現之旅？

我的肯定是基於兩個原因。第一，我們天生就是說故事的高手。在個人生活中，我們以故事思考、以故事說話、以故事溝通，甚至以故事做夢。可以說，人類預設的認知模式就是敘事。我們的直覺會從混沌中找尋原因，思考前因後果，反省來龍去脈，把生活中的隨機事件理出個因果關係。故事幫助我們這麼做。說故事乍看之下沒有什麼了不起，但這可是讓自己堅持下去的武器，遠比我們所想像得更有威力。

第二，當我們年歲增長，經驗變多，學得（慘痛的）人生啓示，會變得更有毅力。毅力如同神經架構和心理特質等層面，比我們所知道的更有彈性。毅力和天分、情緒管理以及所有關乎成功的心理特質，都會受到經驗的影響。當我們成長，毅力也能增長。當然，毅力不會自動增長，在面臨憂鬱、打擊或是遭到忽視的時候，毅力就跟其他特質一樣也會衰減，所以我們得要主動培養。奇妙的是，電影院通常比健身房更能鍛鍊我們的毅力。

現在我們來仔細探討故事的力量和毅力的彈性，再分析兩者的關連。

故事不只描述過去發生的事情，還會協助我們決定未來會發生的事情。我們告訴自己的故事會幫助我們形塑態度、增進自己的福祉。對大器晚成的人來說，這是個大好消息。許多研究發現，故事能改變我們的思考、行動和感覺。換言之，如果大器晚成的人改變對自己說的故事，就可以改變自己的行為，甚至改變自己的人生。這聽起來像是勵志書會說的那套口號，但是確實如此，故事真的能夠促進成長與成功。

近年來，心理學界有一門很新的分支名為**敘事心理學**，就是以敘事的力量為前提。一九八〇年代，心理學家西奧多·薩賓、傑羅姆·布魯納和丹·麥克亞當斯提出了敘事心理學，探究人類如何靠建構、講述和重述故事來產生意義。神經科學和某些心理學分支視頭腦為容器、機器或CPU等，敘事心理學則視頭腦為「說故事大師」。

當然，心理學界早就知道頭腦會說故事。早在心理學運用文獻探討之前，佛洛伊德與他的後繼者似乎就直覺地知道心理崩潰跟故事崩潰有關。

許多佛洛伊德的學說後來頗受質疑，但佛洛伊德很擅長為病人把混亂的人生理出脈絡。佛洛伊德派的心理學家所提出的關鍵洞見是：他們發現病人不知為何就是無法清楚說出自身的故事，他們甚至完全沒有故事可說。他們需要像修補手稿般修補殘破的故事。換言之，心理分析眞正的價值是跟病人合力研究沒什麼意義的隨機記憶和往事，拼湊蛛絲馬跡，再化爲前後連貫的敘事。故事是病人從過去的某個地方來到現在，然後以有意義的方式導向未來。

就某方面來說，建構敘事不只幫助個人以全新的眼光看待他們的生命事件，也形塑了他們的現實。

冷冰冰的客觀現實畢竟是一片混沌，充滿人物、地方、日期和時間，不斷游移、變化，有愛與美麗，也有不幸、災難和悲劇。雖然隨機發生也許是某種宇宙觀或演化觀的基礎，但是隨機卻通常不會產生好的故事。

所以我們都在做小說家、史學家、傳記家和訃聞寫手的工作：我們把敘事結構加諸在原本隨機排列的事件上，爲它們理出條理與意義，讓我們可以管控與處理。我們藉由賦予事件秩序，給予它們意義。

然而故事並不是事件被賦予有意義的秩序而已，也不只是時間、日期與事情的清單。故事是來自非常眞實的選擇——我們選擇納入什麼、排除什麼、放大什麼、縮小什麼。敘事的衝動根深蒂固，我們往往在沒有故事的地方看出故事。我們在星空中看出故事、在雲朵間看出故事，甚至在形狀和聲音中也都能看出故事。

以弗里茨．海德和瑪麗安．西梅爾在一九四四年的經典實驗爲例。他們讓受試者看一個簡短的動畫，動畫中有兩個三角形和一個圓圈在盒子裡面和周圍移動。他們問受試者看到什麼，受試者說出簡短的故事，把三角形和圓圈說得如同活生生的人，用「強勢」「生氣」「暴躁」和「急著戒備」等性情形容其中一個急躁的三角形（持平來說，這個三角形很急躁的原因在於，另一個較小的三角形跟他的女友圓圈跑了）。

受試者不只會把人物的性格賦予在非人的物體上，他們也看見了物體的**自主性**（agency）——它們能自己行動、自由選擇，並決定自己的命運。法國哲學家保羅．呂格爾撰寫了大量關於敘事和身分的文章，把自主性定義爲受苦的反面。在他看來，當我們無法憑自由意志獨立行動時，就會受苦、屈服與放棄。

如果失去了自主性，我們要如何重新獲得？方法是修改與重寫我們在不斷變化的敘事裡的角色。

如果說敘事心理學教了我們什麼事，那就是建構敘事能夠大幅影響我們的行爲和想法，尤其是在艱苦時期或是遇到挫折的時候。敘事能改變人生的方向。有許多研究以不同對象爲研究主體，諸如大學生、最高戒備等級的囚犯、患有關節炎等慢性疼痛的病人、剛生下第一胎的婦女、剛被解雇的男性、各種社會階級的人、各個種族的人，以及美國和紐西蘭等不同國別的人等，結果發現，光是創造個人敘事就能對健康和行為產生正面的效益。

敘事心理學背後的概念，不是要騙我們相信某些不好的事件或經驗其實是好的；敘事心理學是想在一個接一個事件中找出意義——但願還能找出動力。敘事心理學讓我們了解情況不斷在改變。在人生中，我們在勝利、失敗、無聊和狂喜之間來回擺盪，有時候過一天就好像經歷了四季一樣。我們要如何對抗萬千情緒，繼續頑強地堅持下去？很簡單，故事給予我們框架，用來承受人生的風雨陰晴。

這對大器晚成的人來說是個好消息。多數時候，我們會懷疑自己還沒寫下真正的故事——發現天命與徹底發揮潛能的時刻還沒到來。那麼我們該如何寫下情節，讓自己把潛能發揮得淋漓盡致呢？

◆

根據敘事心理學，在我們對自己說故事時，敘事比事實更重要。換言之，故事不必眞實也能有效。我們的個人故事幫助我們繼續往前邁進。這個故事可以基於事實、貼近現實，甚至一點也不眞實。我們藉由跟自己反覆講述有關未來的樂觀故事，才能堅持下去。這些故事往往比我們更爲堅強。《新約聖經》裡彼得的故事給基督徒不少激勵。當耶穌在十字架上垂死之際，彼得面對羅馬士兵的威脅，三次否認他認識耶穌。彼得在該有勇氣時膽怯，一定備感慚愧，就算偷溜回去重做漁夫也是情有可原。然而在接下來那幾天，新的敘事——耶穌的復活——讓原本懦弱的彼得搖身一變成爲基督教在羅馬帝國傳開的基石。他最後殉道而死，聖彼得大教堂便是以他命名。具有意義的故事能帶領我們度過艱辛的難關。

運用在毅力上，這也是一件好事。如果完全依據成功的機率做決定，我們不太會冒什麼險，也不太能成什麼大事。但事實是，正因爲故事不準確，所以能讓我們堅持向前。幾乎所有敘事都帶點謊言。故事不是嚴謹查核事實的紀錄片，而是容許詮釋並因此取得成功。如果冷冰冰地全然以理性來看待人生，人類生來的唯一目標就是活得夠長，然後生出後代。然而如果故事說我們是生來成大事的，我們就更可能堅持下去，撐過黑暗與艱辛。

由此可見，故事是一種工具，大器晚成的人能夠利用以面對人生的逆境。舉例來說，如果我們把自己尚未成功的原因推給懶惰、頭腦不好或運氣不好，很難會對未來有什麼正向的願景，故事帶著我們迎向絕望與毀滅；反之，如果我們承認犯過錯誤、面對難題並從中學習，會感覺自己對人生更有自主性。馮內果在《夜母》寫道：「我們就是我們僞裝出來的自己，所以我們必須對自己想要僞裝成什麼樣的人多加小心。」

現在花點時間想一想你自己的故事吧。

你被老闆打槍或被公司解雇，就代表你的職場之路走進了死巷嗎？代表你無比失敗，永遠無法成功嗎？還是說，那是天大的好事，讓你獲得了自由，得以找尋更符合個人天賦的工作？

在寫自己的故事時，大器晚成的人容易落入一個圈套，那就是相信命運。雖然我們經常會混淆，但是命運和天命是兩回事。加州大學洛杉磯分校的傳奇電影大師霍華．蘇伯寫道：「你追尋的是天命，你屈從的是命運。天命源於自身，命運源於外界。命運的力量無法由個人的意志所控制，它從後頭推著你。天命則是在前面吸引你的力量，有如磁鐵，而你選擇去抓住它。」

我們往後倒進命運。

我們往前追尋天命。

大器晚成不是來自接受命運，不是來自屈從外在，不是來自放棄自主，而是來自承認過去，然後受樂觀的個人敘事——無論眞假——所鼓舞，往前追尋天命。如果我們想熬過負面質疑和文化壓力，我們務必要對自己說對的故事。

◆◆◆◆◆

我相信大器晚成的人能夠堅持下去的第二個理由是：毅力並非固定不變。二〇一六年暢銷著作《恆毅力》的作者安琪拉．達克沃斯，無疑是研究恆毅力的專家。「恆毅力」是毅力與恆心的另一個說法，當然達克沃斯有其更爲複雜的定義。但總之，如果你有恆毅力，就能堅持下去。達克沃斯請各形各色的成人接受測驗，蒐集測驗數據，設計出恆毅力量表，如圖9-1所示。

意外嗎？恆毅力竟然隨著年齡而增加。圖中X軸顯示，六十歲以上的人最具有恆毅力，二十多歲的人恆毅力則最低。但這不表示二十多歲的你就一定無法堅持到底，很多二十多歲的人其實是很堅持不懈的。這張圖只表示堅持的能力大概會隨著年齡而增加。

如圖中所示，毅力、經驗和年齡彼此相關。達克沃斯認爲，這些數據顯示我們逐漸建立人生哲學，學著從失望裡恢復，學著區分什麼是可以放棄的低風險目標、什麼又是值得堅持的高風險目標，於是毅力跟著逐漸增加，而這些都是大器晚成的人逐漸浮現的特質。

到底爲什麼人生經驗會改變個性呢？在達克沃斯看來，這單純是因爲我們學到了先前不知道的東西。無論社會怎麼看待年齡和學習的關係，這種知識的累積極具價值。我們逐漸學到人生啓示，然後隨著年歲增長，我們又遇到新的狀況。達克沃斯寫道：「我們正面迎向新的狀況。換言之，我們會適時做出改變。」

在毅力方面，大器晚成的人所擁有的各式經驗，自然是最好的老師。

現在先釐清幾點。雖然第六章稱頌了放棄的價值，但並非暗示人生在某些時刻就不需要

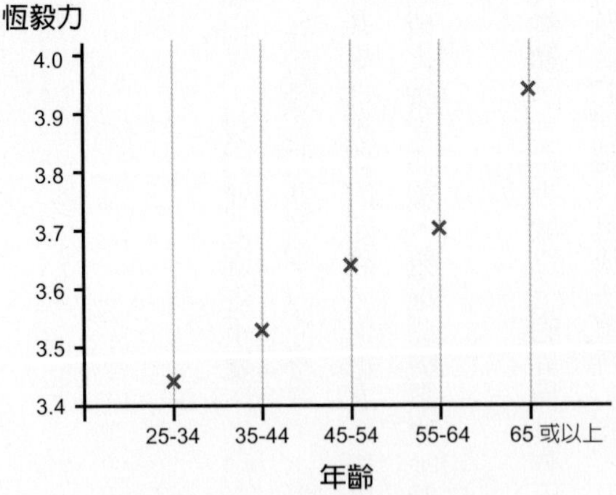

圖9-1　恆毅力與年齡對照圖

毅力（或說恆毅力）。如果我們想成就大事，顯然需要堅持，也需要在被打倒後重整旗鼓。第六章的意思是，如果背後沒有熱忱，硬撐下去的恆毅力效果就不大，甚至對自己有害。那會阻礙好奇心與多方嘗試，剝奪成長與成熟所需的時間。由於社會替成功訂下了時間表與進度表，我們會下意識地捏造熱情的幻覺，而不是慢慢發掘自己真正的任務與意義。成功與持續地成功，需要的是決心；那是個人的堅持，而非自戀的自信，或硬逼自己要及早成功。

此外，第六章鮑邁斯特的自我耗損，與此處達克沃斯的恆毅力量表是兩回事。自我耗損是指我們在特定時刻的意志力或恆毅力有限，如果逼得太緊就會消耗精光；達克沃斯的恆毅力量表，則反映出整體恆毅力能隨著年齡與經驗的增加而變多。但我們仍需要把精力和恆毅力留給真正的熱忱。無論我們在恆毅力量表的分數有多高，我們的恆毅力還是有用盡的時候。

因此，我們該避免輕率地面對所有的難題，有些難題就是不值得解決。如同第六章所說，如果濫用毅力或意志力，只會讓自己筋疲力盡，甚至體弱生病。此外，我們不該坐等恆毅力自己發揮出來。如果我們想充分發揮毅力，就要有**信念**、**目標**和**耐心**。

而這三個特質都能隨著我們日漸成熟而提升。

有一種信念——姑且稱之為廉價的信念——是單純期待明天會勝過今天，交通可以更順暢，週末會豔陽高照。如同蘇伯對命運的描述，這種信念沒有責任的重量。無論是讓事情變好、清空車道或讓太陽普照，都是宇宙的工作。相較之下，毅力是另一種更負責任的信念。希望明天會更好是一回事，決定要讓明天更好是另外一回事，兩者天差地別。堅毅的人所具有的信念，跟運氣完全無關，而是跟意圖有關。

第二個重要特質是目標。有目標的人明顯會更有幹勁地活出生命的意義。根據達克沃斯的研究，目標量表的分數和恆毅力量表的分數有關。目標驅策著我們，讓我們更能堅持下去，並相信這種追尋有其意義。這不表示我們得要當個聖徒，而是讓我們看見目標所連結的更寬廣的世界。

最後是耐心。黛安．格林是我在矽谷極喜歡的大器晚成者，是在提倡「快點衝破世界」的企業文化下展現耐心的楷模。她成長於馬里蘭州的濱海城市安那波利斯，熱愛海洋。她小時候就會抓螃蟹，並以每隻五美元的價格賣出。大學時期她邊主修工程，邊從事滑浪風帆運動，甚至十九歲就創辦了世界滑浪風帆大賽。大學畢業後，她在一家離岸石油公司工作，但她發現海上鑽油平台是由男性主宰，她連去都不能去，於是毅然辭職，改到滑浪風帆公司工作，後來跳槽到科爾曼露營用品公司。

三十三歲時，格林重返學校讀書，取得資工碩士學位，進入軟體業。「我終於準備好做大人的工作了。」她說。一九九八年，格林四十三歲，和丈夫與另外三人共同創辦了威睿軟體公司，主打一套能提升電腦硬體效能的技術。然而儘管威睿軟體公司大爲成功，五十五歲的格林卻在擔任執行長時被解雇，部分原因是她太過低調，在媒體前太害羞，不符合這個期望看到年輕外放的執行長的時代。不過她的職業生涯並未因此結束。二〇一〇年，她成爲Google的董事，在二〇一九年一月之前都擔任Google雲端平台的執行長。

你也許會抗議我不該把像格林這樣的矽谷富豪列爲大器晚成的人，但我這樣做的原因在於，她自認爲到了三十三歲才「終於準備好做大人的工作」。事實上，格林不像雷勒、霍姆斯和無數殞落的天才那樣，在人生的前三十三年瘋狂追求功成名就，而是在冒險、在探索，她爲了五美元抓馬里蘭的螃蟹、創辦世界滑浪風帆大賽、學習小艇競技、在石油公司和男員工混在一起，還在露營用品公司修補產品。

格林的故事聽起來既瘋狂又明智。她從未坐定不動，但也很有耐心，違抗傳統，走自己的路。只有在這個瘋狂崇尚及早成功的時代，她的故事才顯得另類。她的耐心展現於對待自己和別人的方法。在她經營威睿軟體公司的時候，正是她兩個孩子的成長期，她堅持每晚回家吃晚餐，即使在一九九〇年代矽谷風生水起的狂熱時期依然以家庭爲重。相較之下，在霍姆斯的血液檢測公司 Theranos，安全主管每晚七點半像個間諜一樣在公司遊走，隔天早上怒斥前一天早走的同事，責怪他們爲公司犧牲奉獻的程度不夠。在本書付梓之際，威睿軟體公司市值爲五百六十億美元，Theranos 卻已然破產。

格林的故事證明了神經科學剛剛揭開的理論：諸如自我管理、高度專注和模式識別等成功的技巧，源自時間與經驗的淬鍊。箇中啓示是我們需要嘗試，我們需要學習。

但我們也需要耐心。

坎恩在《安靜，就是力量》寫道：「人生的祕訣在於到對的光下。對某些人而言，那是百老匯的鎂光燈；對某些人而言，那是亮著檯燈的書桌。你要運用毅力、專注、洞察力和感受力，去做你愛的工作，去做你認爲重要的工作。解決問題，發揮創意，深入思考。想出你這輩子要怎麼對世界做出貢獻，好好付諸實行。」

這是很好的建議。然而除非我們無比幸運，否則找出「對的光」的唯一方法，就是像格林那樣耐心尋找。無論是耐心嘗試新的事物或是追尋新的熱情，所需要的意志力皆是有限的資源（參見第六章），所以大器晚成的人必須小心衡量如何「使用」毅力。這是一大難題：如何決定何時應該堅持，何時又應該放棄？

◆

重點是：認識自己。

大器晚成的人是另一種羽毛的鳥、另一個品種的貓，或是另一款布料，隨你怎麼比喻都行。總之，大器晚成的人不符合神童典範，也不適合及早成功的輸送帶，不能遵照年輕有爲的人的模式，奢望得到成功。那並無意義，難以爲繼，只會耗盡毅力，阻礙探索。大器晚成的人必須思考自己的不同，了解自己的局限（與天賦），明白自己注定要走不同的路。

第八章提及五十歲才寫出第一本作品的金柏莉．哈靈頓，曾回想當初是如何接受自己的：

我的動作從小就比別人慢。我快兩歲才學會走路，九歲才會騎單車。我所有朋友的單車都沒有輔助輪，只有我因爲很怕摔車而遲遲不肯拆下來。有一天我終於跟母親說：「把輔助輪拆掉吧。」她於是拆了下來。我把車騎走，從沒摔倒過。

我逐漸明白這就是我，無論幾歲都一樣。

我會在意文化的期望。廣告業很盛行「三十歲以下三十位傑出青年榜」「四十歲以下四十位傑出青年榜」，諸如此類。我一向都覺得很糟糕，心想：「我東彎西繞，連自己在幹嘛都不知道，絕對沒有辦法登上那些榜單。」每個產業都有這類的東西在歌頌英雄出少年，崇尚那些很殺的年輕天才。不過之後會有些事情發生，提醒我：我向來比別人的動作要慢。像我這樣五十歲才出第一本書，以廣告業的話來說，還眞是符合大器晚成的形象。

那麼要如何對抗文化的期望呢？你可以回顧人生，弄清楚自己眞正的本質是什麼。我覺得很多人是逆著自己的本質。你認爲那樣不酷、不符合我們文化，於是去當一個不像你的你——試著像你的朋友、像你的同事，像某個個性、衝勁和想法跟你有天壤之別的人。

每次我覺得很沮喪、很失敗，都是因爲想要嵌進一個永遠嵌不進去的模子，我眞的一輩子都嵌不進去。

我做事情時想要很確定、很有自信，這是天生的。我一旦去做，就全力以赴。也許起步晚，那就加快腳步。真的每次都是這樣。

所以我認爲，你眞的不妨回顧人生，想一想你小時候是什麼樣子，喜歡做什麼、對什麼感到快樂，然後再看看你現在碰到什麼事情，又要如何解決難題。如果你不這麼做，一輩子都會像在用頭去撞牆一樣。

哈靈頓的故事讓我們知道，雖然毅力會隨著年齡增加，但如果我們想要好好發揮，就需要發現（或重新發現）最符合眞實自我的敘事。

對我來說，這發生在二〇一六年的一個領導力研討會時。那是個很簡單的活動，主辦單位請我們寫下這輩子最自豪的五十個成就，有些是可以寫在履歷表上的成就，有些則是不敢寫在上面的白痴成就，例如迅速解出《紐約時報》上的塡字字謎，還有些是暗地裡感到自豪的成就，例如我寫的就很瘋狂。

那件事發生在我還在就讀史丹佛時的春假期間，校園中有一半的人好像都去滑雪度假了。我從來沒滑過雪，身上也沒錢，但當時正是我跑步生涯的巔峰，我每週大概要跑一百一十公里。

那個週六，我穿上慢跑鞋，跑向校園西邊的沙丘路，打算跑個二十二公里左右，然後喝點啤酒，找個壘球賽看。我跑了約八公里，忽然冒出一個瘋狂的想法：也許我可以往後轉，沿著陡峭的彎路，跑上聖塔克魯茲山觀景線。然後我開始跑上這條海拔爬升四百公尺的山路，心想稍後興致一過就會轉頭打道回府。沒想到我一路跑上山頂，而且又生出另一個瘋狂的念頭：何不從西邊跑下山，一路跑到太平洋？

我身上沒帶半點水或零食。當我跑到聖格雷戈里奧沙灘，已經跑了超過四十一公里，口乾舌燥。我很渴望能攝取一點糖分，但是口袋空空，於是我做了一件我從來沒做過，也從沒想過會我做的事——站在聖格雷戈里奧的雜貨店外面，向路人討錢，用來買一瓶開特力和兩條士力架巧克力棒。到了這個時候，我該要搭便車回家了，但是另一個瘋狂的念頭再次浮上心頭：**何不慢跑回去，無論多慢都行？**

在我到達山腳之前的平地上，有個前來度假的英國人騎著單車陪我。我慢慢提高速度，開特力不再在我胃裡翻攪。然而當我們來到山腳時，這個暫時的朋友道了聲再見，剩我孤軍奮戰，獨自跑上這條海拔爬升四百公尺的山路。在山頂的斯凱隆達村，我拿討剩的錢買了一罐可樂和一條士力架，可樂嘶嘶的泡泡剛消，就被我狂灌進肚子裡。在下山返回史丹佛的路上，我心想：**這眞是瘋了，但我不能現在停下來。**

在離校園不到三公里的距離時，我累到出現妄想。我感覺有些車子會猛衝過來，打算把我輾斃，然後才發現原來是我自己跑到馬路上去了，我的判斷力正在迅速崩毀。不過我還是順利回到了宿舍，買了三罐可樂，把一張椅子從寢室拖進淋浴間，擺在蓮蓬頭下，脫下滿是汗水的衣物和血淋淋的鞋子，坐在那裡暢飲可樂，很久很久，慢慢感到一股深深的得意。天啊！我剛花七個半小時跑了八十三公里，上山又下海。

現在，四十一年過去，這段瘋狂而榮耀的長跑熠熠生輝，讓我選擇擺在五十項個人成就清單的最上頭。這個活動意在找出驅使自己向前的原因，我從中學到很多，也很扼腕沒能早幾十年學到這個啓示。

而我學到的啓示是：我最有成就的時候，並不是打算要證明什麼，而是打算要發現什麼。

在那趟長跑中，我每彎過一個路口、每越過一道山丘，都是爲了滿足好奇心。我的思路是：**如果我再多跑一點點，會遇到什麼呢？如果我再多跑一公里，耐著性子，靠著毅力，能看見什麼呢？如果我向路人討點錢，會怎麼樣呢？**我並沒有把這趟長跑當作競賽，也沒有把它當作在證明我的恆毅力，沒有任何計畫。一旦我想要這樣做就毀了，我根本連第一步都跨不出去。我所做的只是一次跑過一道山丘，耐著性子，靠著毅力，最終越過了一座山——還越過兩次。

這對我很管用。

我發覺，當好奇心主宰著我，我會有絕佳的表現。這時，探險感也主宰著我。我邁出腳步，感覺好像被一種無可名狀的美好力量推著跑。我變得有毅力、有耐心，不必勉強硬撐，於是眞正得到成功。這個活動讓我明白自己是個什麼樣的人、驅動我的是什麼東西。當我往前探索，沒有特定目標，只是想看一看路上接下來會有什麼的時候，我最能夠發光發亮，就是有一股力量推我向前，讓我輕輕鬆鬆就能堅持下去。我不認爲有很多年輕有爲的人也是這個樣子，他們大多是由目標驅使——在SAT測驗考出超高分、每個科目都拿A、擠到金字塔的最頂端等。這種態度向來對他們管用，通往成功的輸送帶很讚賞這種競爭心態。

那趟長跑讓我明白，我是另一種人。比起目標、競爭和獲勝，我更受好奇心、探險和發現所驅使。這是我現在追尋的成功之道，在事業、生活或嗜好皆然。好奇心和探索給了我衝勁，最終使我發揮更大的力量，因爲我的好奇心永遠用之不竭。反之，我要是得依循固定的目標與僵硬的時間表，爲了競爭而競爭，可沒辦法撐太久。外界或許爲此會說我在逃避，但其實不是那樣，我只是天生和年少得志的人不一樣。

成功沒有期限，我們未來的故事可以改變。什麼時候下定決心都可以，幾歲達成突破也都可以。研究顯示，我們隨著年紀的增長會失去某些能力，卻也會得到更重要的其他能力。因此，我們該問自己的不是：我們過去只是這樣，天分也只有這樣，哪有辦法成功？我們該問的是：我們有這種過去，也有這些天分，所以能怎麼樣成功？

如果我們沒有被迫遵循某個成功的標準進度，就能夠依照自己的規畫煥發光芒，更有使命感，更感到心滿意足。一味追捧年輕的天才、崇尚及早成功，會害我們看不到這個簡單的事實。

我們得知道自己仍擁有力量。也許感覺不像十幾二十歲的那種由幻想所生，彷彿眼前有無窮無盡的可能性，通往主流文化所定義的某種成功的力量。不，大器晚成的人所擁有的是另一種力量，那是擁抱人生眞實的樣貌，擁抱一回回的潮起潮落與一次次的峰迴路轉。這力量是去探索與經歷，是去做自己、了解自己、珍視自己。

我們每個人都有很不同、很個人的旅程。不執著於社會僵硬的進度表是一種解脫，會換來更能自由開展的眞實職涯與人生。當我們面對遲來的挑戰時，永遠不會知道優勢爲何。失敗旁邊往往有得來不易的突破，艱辛的盡頭是嶄新的起點，柳暗花明後會又有一村。

當我們走在更長的成功之路上，會更清楚自己身處何處，想前往何方，未來又會有哪些多樣的機會。在這趟艱辛的旅程，我們尋得意義，覓得自信，發展出各種能力，嘗試各式各樣嶄新的事物，重新發現舊有的眞理，征服對自我的質疑，不再退縮。我們更加看重自己，勇於迎向挑戰——去相信、創造與前行。無論這個崇尚年少得志的文化怎麼說，人生沒有一份完美的計畫，自我實現的道路絕對不只一條。

我們很有天分，我們是大器晚成者，我們有精采的天命去追尋。

結語

說出你自己的故事

在我撰寫本書的時候，發生了意料之外的事。親朋好友，還有在聚會或工作上初次見面的人，紛紛問我下一步要做什麼。我告訴他們，我的下一個計畫是寫一本談大器晚成的書。有些作家喜歡守口如瓶，不把新書計畫告訴別人，免得走楣運或點子被偷走，但我向來都不會有所保留。在這種時刻對方難免會回說：「那你應該要看某某書，跟某某聊一聊。」通常他們的建議都很寶貴。我說出我的新書計畫，是我賺到了。

然而本書所得到的回應卻截然不同，往往帶有高昂的情緒。對方會忽然眼睛一亮，抓住我的手說：「我也是很晚才成功的！」彷彿許多大器晚成的人都身處陰影之中，現在終於有人開了一扇窗。我發現每個人都自認是大器晚成，希望讓你知道他的故事，就算是乍看之下成功得很早的人也不例外。在第四章，我提到我的大學室友鮑伯，他獲選進入優秀大學生聯誼會，在法學院的成績也很優異，短短五年就成爲全球著名法律事務所的合夥人。然而不久前我碰到他，他卻堅稱他也是大器晚成，還一一細數他高中時的挫折與失敗。

「當大家說：『我也是很晚才成功的！』妳覺得他們想要表達什麼？」我問我太太瑪姬。

「他們想要被認可。」她說，「多數人不覺得自己是以能夠成爲的眞正模樣被認可，他們覺得自己還有更多面向沒有被發現。」

我爲了這本書進行了研究後，深信美國人和世界上的許多人都面臨了潛能未被發現的危機。我不禁好奇，如今身處政治光譜兩端的憤怒民衆，是否只是痛苦地覺得自己沒有被看到，卻怪錯了地方？有許多美國人覺得自己沒有得到認可、獎賞與尊重，希望有人看見他們的痛苦和潛能。這照理說不應該發生在我們這個富裕的社會，然而我們卻基於無知的善意，設計了一部人類篩選機器和一條通往及早成功的輸送帶，於是必然導致這種不滿與不快。

我們都有責任認同、推廣大器晚成。這是我們欠自己、欠孩子、欠朋友、欠朋友的孩子的。如果多數人都覺得自己沒有被認可與發現，人類的進步就會停滯。這是給動盪的社會、狂熱的政治和毀滅的處方箋，否則將來我們都會深受其害。

反過來說，現在正是雇主、中學和大學等挺身而出的最好時機。大器晚成的市場很大，還沒有多少人關注到，現在正是時候。雇主和各級學校可以爲大器晚成者做點對的事情，也等於幫自己一個很大的忙。

對雇主而言：臉書在二〇一七年的平均薪資是二十四萬美元，Google爲了招攬名校理工科畢業生開出的新人平均年薪是十七萬五千美元，你們有辦法跟他們競爭嗎？當然沒辦法。然而無情的現實是，如果你想招攬成績優異的名校畢業生，又不得不跟臉書等公司競爭。但是這樣人力成本會太高，獲利受到嚴重的壓縮，所以你大概不會這麼做。那麼你就需要另一種策略，要像奧克蘭運動家隊那樣靠著「魔球」致勝。就如同麥可・路易士的暢銷書《魔球》所述，奧克蘭運動家隊的薪資支出向來是最低的，無法像洋基隊、紅襪隊和巨人隊那樣高價競逐球星，所以需要從埋沒的好手中挖寶。在此，且容我向各位老闆建議：你們也該這樣。

幸好，你們很幸運，許多被埋沒的大器晚成者有待發掘。去找出他們吧！給他們一點關愛，協助他們鍛鍊能力，你會得到一群好員工。他們既聰明又忠誠，擅於創新，深具智慧，擁有毅力。此外，也揚棄「變老就淘汰」的思維吧！把職涯看作弧線，很多資深員工依然能做出長足的貢獻（參見第三章）。

對家長而言：我希望這本書有助於紓解你們的焦慮。你們不必緊盯著孩子的成長步調，向朋友哀嘆他們落居人後，孩子不僅知道你們在這樣做，而且感到很憤恨。別再認為你們可以光靠砸錢「解決」他們落後的問題。你們要做的只是愛他們、傾聽他們的挫折與夢想、適時給予陪伴、接受他們的模樣，並且珍惜他們的好奇、夢想、嘗試、失敗、心碎與突破。羅賓·威廉斯在電影《心靈捕手》飾演的心理學教授尙恩說：「這些都是好東西呀。」

對高中而言：你們辦學成功與否，不是由今年有多少學生錄取哈佛和加州理工學院來衡量，而是取決於有多少學生在二十年或更久之後，變得成熟獨立，快樂滿足。

對社區大學而言：你們握有對大器晚成者來說很可貴的鑰匙。你們向來有，但現在的機會更勝以往。

對一般大學而言：如果你們不是州裡最頂尖的公立學校或是全美前五十大名校，前景似乎有點慘淡。不過如果你們滿足大器晚成者的需求，一個巨大的市場就在眼前。他們需要你們，你們也需要他們。

對宗教與心靈領袖而言：在社會推崇及早成功的狂熱中，你們絕對目睹了許多家庭與個人所經歷的痛苦。世界上的不同信仰都有一個有力的認知：人類是神聖的生物。我們都負有崇高的天命：無論花再多時間都要發現自己的天賦，追尋最深切的目標，好好發光發熱。

謝謝你們讀這本書。現在換我傾聽你們大器晚成的故事吧。

里奇・卡爾加德

LateBloomer.com

致謝

撰寫本書的想法已經存在我心中幾十年了，我終於在二〇一四年寫下自己從二十到二十七歲掙扎奮鬥、大器晚成的經歷。我開始動筆是在陣亡將士紀念日的週末，大概寫了六千個字，或者說是現在你手上這本書七%左右的篇幅。後來我是如何從這樣粗略的起頭寫出一整本書呢？

答案是：很多的幫助與鼓勵。給我最大幫助的是Jeff Leeson，我認爲他是這本書的執行編輯兼共同作者。先前我談企業文化的書《軟優勢》（*The Soft Edge*）就是跟他合作的，他協助我整合想法、理出架構，再深入研究，最終成品就是《軟優勢》這本探討爲何有些企業能夠成功數十載的著作。

Jeff Leeson對本書的貢獻更多。我天生擅長概念思考，喜歡蒐集事例，他則擅長組織架構，很清楚哪裡行得通、哪裡行不通，哪裡太緊、哪裡太鬆，哪裡切題、哪裡離題，哪裡又需要進一步的研究與闡明。我本來會陷在一個又一個死胡同裡，但有他在凡事就迎刃而解。現在他和妻子Rachel在明尼亞波里斯經營高階出版顧問公司Benson-Collister，如果你需要最專業出色的出版諮詢服務，請跟他們連絡。

Aevitas Creative的超級出版經紀人Todd Shuster在收到本書提案的一個月內，就有八家出版社表示有意出版，他在出版業界的地位顯現無遺；他的同事Chelsey Heller和Justin Brouckaert也都非常優秀。企鵝藍燈書屋旗下Crown Currency出版社的Roger Scholl開出的條件雀屏中選，而且他躍躍欲試，還給了絕佳的出版策略建議。在此感謝Currency出版社負責本書的整個團隊：Tina Constable、Ayelet Gruenspecht、Nicole McArdle、Megan Perritt、Campbell Wharton、Erin Little以及Jayme Boucher。Fortier公關公司的Mark Fortier眞是超級明星，團隊成員Lauren Kuhn也不遑多讓。Nancy Rosa和Lior Taylor對本書的出版貢獻良多，Ken Gillett和Target行銷公司的團隊也是功臣。作家Michael S. Malone（我二〇一五年著作《團隊天才》的共同作者）、Susan Salter Reynolds和Nic Albert也有長足貢獻。Elizabeth Gravitt協助我查證重要的研究和事實。

我在富比士待了二十七年，在此要感謝我的同事，尤其要感謝創辦人Steve Forbes很早就對本書充滿興致。也謝謝執行長Mike Federle、亞洲分社執行長Will Adamopoulos、Randall Lane、Moira Forbes、Mark Howard、Mike Perlis、Sherry

Philips、Jessica Sibley、Tom Davis以及Janett Haas。此外，我想感謝Interconnect-Events的Shari Rosen和Julia Mart，感謝AARP的Jo Ann Jenkins、Jonathan Stevens、Ramsey Laine Alwin和Staci Alexander，感謝富比士商業和科技學校的Bob Daugherty和Ray Powers，感謝TEDxFargo的Greg Tehven，感謝史丹佛大學的Tom Byers，感謝我的朋友Mark與Donnamarie夫婦跟Bob與Deborah Schueren夫婦很早就支持我，仔細閱讀書稿，提出寶貴的建議。同樣也感謝我的老友Bruce Perry和Jeffrey Prater。

從二〇一六年起，Keppler Speakers公司即負責我的演講代理工作，我想謝謝他們整個團隊，包括：Ronda Estridge、Gary McManis、John Truran、Jay Callahan、Jay Conklin、Chris Clifford、Nathan Thompson、Joel Gheesling、Jeff Gilley、Alison Goehring、Kelly Skibbie、Jared Schaubert、Theo Moll、Joel Murphy、Warren Jones、Patrick Snead、Randy Ehman以及Jim和Debbie Keppler。此外，在此也要大大感謝Tony D'Amelio、Mike Humphrey、David Lavin、Danny Stern、Mark French、Christine Farrell、Katrina Smith，還有其他協助打造我演講生涯的經紀人。

我也很感謝本書的多位受訪者，包括：Leonard Sax、Jean Courtney、Scott Kelly、Carol Dweck、Stuart Smith、Vera Koo、Kimberly Harrington、Jerry Bowyer、Pontish

Yeramyan、Ken Fisher、Tess Reynolds、Daniel James Brown、Carol Cohen Fishman、Dr. Richard Karl、Joe Rainey、Elkhonon Goldberg、Beth Kawasaki、Erik Wahl、Adriane Brown等。不是每位受訪者都寫入了書中，所以我要再次感謝這些慷慨的貴人。

這本書得到很多著作的啟發，在此特別要提出的，包括：蘇珊·坎恩的《安靜，就是力量》、陶德·羅斯的《終結平庸》、約翰·譚姆尼的*The End of Work*、史考特·考夫曼的《絕非天賦》、菲爾·奈特的《跑出全世界的人》、安琪拉·達克沃斯的《恆毅力》、利奧納德·薩克斯的《浮萍男孩》和《棉花糖女孩》、卡蘿·杜維克的《心態致勝》、萊恩·霍利得的《障礙就是道路》、傑佛瑞·阿奈特的《成人初顯期》、亞當·格蘭特的《反叛，改變世界的力量》、保羅·科爾賀的《牧羊少年奇幻之旅》、傑德·凡斯的《絕望者之歌》、埃爾克諾恩·高德伯的《創造力》、丹尼爾·品克的《動機，單純的力量》、尼可拉斯·雷曼的《大考》。這些書都很棒。

我太太瑪姬是大器晚成的芭蕾舞者和水彩畫家，給我許多很好的建議和靈感。同樣助寫有功的包括我的兩個孩子凱蒂和彼得，還有我優秀的手足瑪莉與喬伊。當我在國、高中時期，跌跌撞撞、步履蹣跚，我的母親佩特給了我最大的支持。最後，感謝我已故的父親迪克和姊妹麗茲，我好希望你們能夠讀到這本書。

Eurasian Publishing Group
圓神出版事業機構
用心與你對話．網野無限寬廣
先覺出版社
Prophet Press

www.booklife.com.tw   reader@mail.eurasian.com.tw

商戰 197

大器可以晚成：
當世界沉迷年少得志，耐心是你成功的本事

作　　者／里奇．卡爾加德（Rich Karlgaard）
譯　　者／林力敏
發 行 人／簡志忠
出 版 者／先覺出版股份有限公司
地　　址／台北市南京東路四段50號6樓之1
電　　話／（02）2579-6600．2579-8800．2570-3939
傳　　真／（02）2579-0338．2577-3220．2570-3636
總 編 輯／陳秋月
主　　編／李宛蓁
責任編輯／蔡忠穎
校　　對／蔡忠穎．李宛蓁
美術編輯／金益健
行銷企畫／詹怡慧．朱智琳
印務統籌／劉鳳剛．高榮祥
監　　印／高榮祥
排　　版／杜易蓉
經 銷 商／叩應股份有限公司
郵撥帳號／18707239
法律顧問／圓神出版事業機構法律顧問　蕭雄淋律師
印　　刷／祥峯印刷廠
2019年9月　初版
2019年10月　3刷

定價 380 元　　ISBN 978-986-134-347-1　

當我們走在更長的成功之路上，會更清楚自己身處何處，想前往何方，未來又會有哪些多樣的機會。在這趟艱辛的旅程，我們尋得意義，覓得自信，發展出各種能力，嘗試各式各樣嶄新的事物，重新發現舊有的眞理，征服對自我的質疑，不再退縮。我們更加看重自己，勇於迎向挑戰——去相信、創造與前行。無論這個崇尚年少得志的文化怎麼說，人生沒有一份完美的計畫，自我實現的道路絕對不只一條。

——里奇．卡爾加德，《大器可以晚成》

國家圖書館出版品預行編目資料

大器可以晚成：當世界沉迷年少得志，耐心是你成功的本事／里奇．卡爾加德（Rich Karlgaard）著；林力敏 譯．-- 初版．-- 臺北市：先覺，2019.9

304 面；14.8×20.8 公分 --（商戰；197）

譯自：Late bloomers: the power of patience in a world obsessed with early achievement

ISBN 978-986-134-347-1（平裝）

1. 成功法　2. 自我實現

177.2　　108011868